울기도 하고 웃기도 했던 일상
삶의 편린들을 되돌아보는 첫 시집

대숲에 부는 바람

정옥희 시집

오늘의문학사

국립중앙도서관 출판시도서목록(CIP)

대숲에 부는 바람 : 정옥희 시집 / 지은이: 정옥희. -- 대전
: 오늘의문학사, 2015
p. ; cm

표제관련정보: 울고 웃던 삶의 편린들을 되돌아보는 시집
ISBN 978-89-5669-699-7 03810 : ₩10000

한국 현대시[韓國現代詩]

811.7-KDC6
895.715-DDC23 CIP2015022099

대숲에 부는 바람

여는 글

사람이 살아간다는 양식을 색으로 표현하면 무지개 빛깔 같다.

그 동안 내 삶은 살아 간 것보다 살아냈던(?) 부분이 많았다.

주어진 상황에 대처하며 울기도 하고 활짝 웃기도 한 일상들을 뒤돌아보니 아롱다롱 무지개 색이다.

주어진 여건에 깜양깜양 최선을 다하여 살아내면서 빚은 삶의 편린들을 편안한 마음으로 들춰 보며 흩어진 마음을 모아 본다.

마흔 해 동안 오르간 소리, 아이들 뛰는 소리, 수업 장면 등 익숙한 것들과의 이별 앞에서 가야할 길을 잃었다.

이제껏 살아간 것보다 살아내어야만 했던(?) 삶 속에서 기다림, 설렘, 그리움들은 나에게 커다란 생의 에너지원이 되어 주었다.

그동안 흩어진 심상(心想)들을 모아 밝은 햇살에 맨살 드러내듯 부끄럽지만 첫 시집을 세상에 내놓는다.

전수지 님, 정재석 님, 송창호 님, 김성호 님, 이홍호 님, 그리고 문학사랑 이영옥 편집장님, 마알간 웃음이 넘쳐나는 천안 청수초 가족들을 비롯하여 리헌석 이사장님께 감사드린다.

사랑하기에 서투른 두 딸과 하늘나라에 먼저 간 남편과 부모님께 이 책을 바친다. 앞으로 주어진 시간에 잊혀지지 않을 글숲을 일구어 잃어버린 길을 찾아야겠다.

그동안 망설이다 가보지 못한 또 다른 길섶을 헤쳐 나가야겠다.

2015. 8. 청수초등학교 뜨락에서

차례

1부 하얀 고무신

2부 부치지 못한 편지

3부 따로 또 같이

4부 소우주에 핀 꽃

5부 시를 쓰는 옆 마당

1부

하얀 고무신

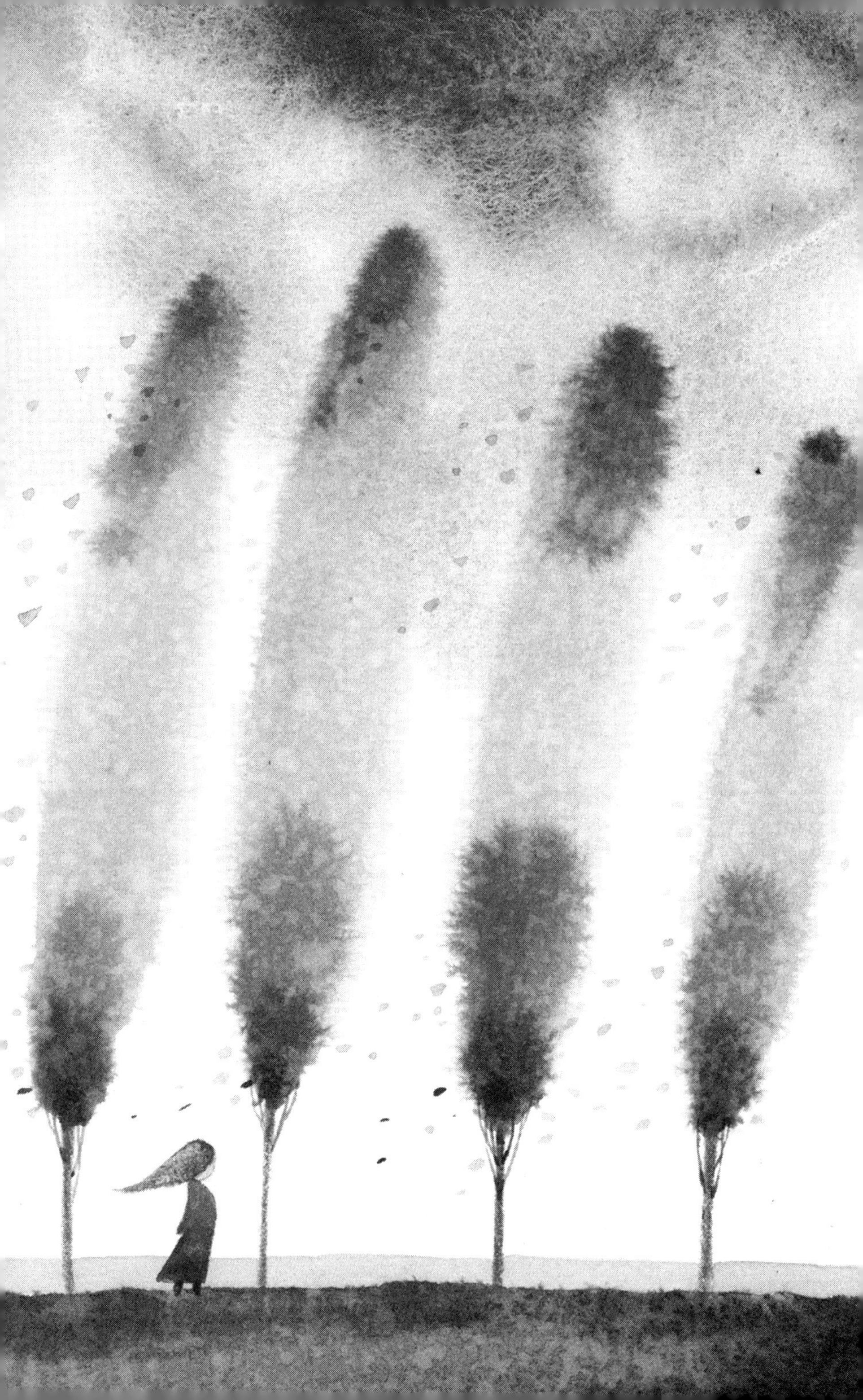

꽃 진 자리

봄 햇살에 부푼 꽃봉오리
살랑바람에 간지럼을 타다
웃음을 참다못해 활짝 피었다.

꽃 핀 지 사나흘 동안 연신 웃어대더니
화르르 떨어진 자리
작은 점 하나가 생겼다.

꽃이 진 자리 바람에 흔들려도
새 꿈이 들어와
바람 그네를 탄다.

봄은 연둣빛

밤새 누구의 부지런한 손길일까?
연둣빛 공단에 미끄럼 타다
새벽이슬로 에메랄드 보석을 달았다.
잎새 끝마다 촘촘 매달린 수정구슬들
바람이 살짝 그네를 태우면
요술처럼 사라지는 수정구슬

겨우내 모아둔
햇살 한줌 뿌려
온 세상은 연둣빛.

오동통한 무늬 둥글레,
분홍웃음 활짝 연 게발선인장
수줍게 고개 내민 아마릴리스 새 순
화단벽을 덮는 아이비 잎새마다
살짝 건드리면 초록물이
쪼로록 터질 것 같다.

빗방울

토도독토도독
비는 종일 창문을 토도독 건드려
일정한 리듬을 탑니다.

내리는 빗 속
유끼구라모토의 In The Evening을 풀어 봅니다.
방울 따라 맺히는 피아노의 선율에
빗방울이 리듬을 타며
가슴에 스며들어
고운 기억 속으로 젖어듭니다.

날마다 보내지 않을 편지를 쓰며
숱하게 이별을 고하고 돌아서는 마음처럼
비는 줄기차게 리듬을 타며
내리붓습니다.

주어도 모자라는 마음 안에
똬리를 튼 이별의 쓰라림

희미한 만남의 시작처럼
끝도 시작도
가늠하기 어려워
마음 비우고
수직으로 서서 내리는 빗줄기에
이름 석 자를 흘려보냅니다.
마음에 새겨진 이름까지 지우려고
소리 내어 불러본 이름 석 자.

하나님의 말씀

교회에 갔다.
무엇이 되느냐보다
무엇이 된 후,
어떻게 사는 게 더 중요하다는
설교를 경청하였다.
알아듣기는 하겠는데
실천하기가
쉽지 않겠다.

삶과 죽음

못 먹는 술이 고픈 분위기에서 날아온 비보! 김 선생님의 아버님이 교통사고로 현장에서 돌아가셨다는 소식에 가슴이 내려앉았다.

준비 안 된 이별의 고통이 납덩이만큼 무거운 슬픔으로 내게도 전이되어 밥을 먹을 수가 없었다. 하루에도 수백 건의 생과 사가 공존하는 사이에서 우리가 할 수 있는 건 현실에 순응하는 법과 부단히 전개되는 예측불허의 일상을 자정할 수 있는 지혜와 용기가 아닐까.

요즘 나는 루 살로메가 고뇌하며 되뇌이던 말을 가슴으로 받아들이려고 애쓴다. '하나님으로부터 하나님에게로' 한 줄기 빛으로 다가오는 구원의 길이 새삼 고맙다.

대숲에 부는 바람

하늘 향해 올곧게 뻗은 꿈들을
푸르디푸른 이파리들이 서로 부대낌으로
사각사각 한이 서린 노래가 되어
죽녹원 대숲을 요동치게 한다.

홀로 짊어진 버거운 세상이야기들
이파리마다 매듭지어
사각대는 바람으로 전하여지는
휘파람 부는 대숲이야기

대숲에 일렁이는 휘파람들
하늘 끝까지 세상이야기 전하며
뱅뱅 돌아 전하는 대나무 꿈들의 수런거림이
꽉 찬 대숲을 뜨겁게 달군다.

잎새 사이로 푸른 하늘이
언뜻언뜻 다가와
죽녹원에 사각대는 꿈들을 훔쳐보다

푸른 오월의 하늘을 헹굼질하고
고요 속의 소요 가운데 서서
세상이야기 주절대는 죽림원에
또 다른 이야기로
하늘을 더 파랗게 물들이는
휘파람 부는 죽녹원 오후.

봄의 전령들

주홍빛 제라늄꽃이 새악시 족두리마냥
봉긋이 피어 소우주를 밝히더니
뜻밖에 반가운 손님까지 오셨다.

선홍빛 철쭉이 붉게 물들었고
여리고 고운 바이올렛이 환히 웃었다.
매발톱이 무성하게 어울려 풍성한 화단,
연분홍 꽃대를 조용히 내미는 샤프란!

좋은 사람에게도 이 소식을 전하고 싶다.
"있잖아요? 우리의 소우주에
샤프란이 피어나고 있어요. 우아한 자태로."

잃어버린 우산

그치지 않는 비로 잃어버린 우산이 생각났다. 행여 내 어깨가 젖을까봐 미안할 만큼 내 쪽으로 들이대는 넓고 견고한 우산, 그리고 유난히 따뜻한 손. 오늘처럼 장맛비 쏟아지는 날이면 잃어버린 우산이 못내 아쉽다.

별이 고운 밤

사방 골골이 산으로 둘러싸인 골짜기
넓은 마당
고운 별들이 총총 박힌 야영장 뜨락
별을 헤던 친구의 별이 담긴 눈이
별만큼 반짝!

별 총총 마음 총총
가을 깊은 숲 속에
캠프파이어 불빛은 갈바람을 데우고
가슴을 파고드는 선생님의 이야기에
열한 살 또래들이 오순도순 모여 앉아
지난 일을 되새기며 쉬임없이 흘리는 눈물.

집 떠나 들여다 본 자신을 추스르며
흐느끼는 눈물에 담긴 야무진 다짐
쏟아지는 별빛보다 아름다워
저절로 목 놓아 우는 밤.

마주보는 눈 속에 담긴
눈물범벅 얼굴 보며 울다가 웃다가
부둥켜안고 희망 한 줌 들여놓는
별이 고운 이야기들로
들썩이는 야영장.

재클린 뒤프레의 눈물

결 고운 사람으로부터 선물 받은
'재클린 뒤프레의 눈물'을 들었다.

첼로가 주는 중저음으로
뒤프레의 순탄치 않은 정열적인 삶을
선율이 담고 있어
영혼들에게 위로가 되는 곡들을 들으며
특히 아다지오로 진행되는 엘가의 협주곡으로
흩어진 마음을 모았다.

참 좋은 사람

뜬금없는 문자메시지 하나가
나를 흔들었다.
"정말 좋은 사람, 안녕."
수줍은 고백은 자정을 넘어 이어졌다.

누군가 마주하지 않고도
가슴에 품으며 위로받는다는 게
작은 행복이라고,
별님과의 무선 통신이 이어졌다.

"사랑한다. 안녕, 잘 자."
이 세상에
같이 존재한다는 사실 하나만으로도
힘이 되는 사람이고 싶다.

아카시아

바쁜 출근길에 정체된 차 옆길
도로변에 흐드러진 아카시아 꽃향기에 취해
섬진강의 은어떼 자맥질을 한다.

꽃잎 하나 맛보면
내 속에 감춰진 묵은 그리움들
와르르 쏟아져
마른 가슴을 적시는 오월의 아침,
마음은 고향으로 줄달음을 친다.

보리밭 가득 후끈 달아 보리 이랑이랑
익어가는 더운 바람이 일고
다닥다닥 들길 따라 무리 짓는 작은 야생화 소근거림,
개구리들의 울음과 뻐꾸기의 여름맞이 노래가
아침을 채운다.

산 골골마다 산 그늘
짙푸른 신록에 저절로 신이 나고

강둑에 지천으로 달맞이꽃 밤을 기다리다
큰 바위 얼굴 닮은 오성산 그림자에 꽃잎을 닫는
고향 풍경

보름 달빛 강물 가득 차오르는 밤
그린필드 노랫말이 생각나 훙얼대다
차창 밖을 가득 채운 아카시아 꽃 속
아카시아 꽃 송이송이 열린 친구들 얼굴
"보리야, 꽃순아!"

봄길

비발디의 '사계'를 들으며
차창 밖으로 보이는 만개한 벚나무
장난기 많은 바람이 살짝 건드려
꽃잎 나풀대는 자리
네살박이 딸애의 밝은 웃음이 실려 있다.

벚나무 옆
흐드러지게 늘어진 노오란 개나리
꽃그늘 속에
작은 딸애의 초롱초롱한 눈망울이 숨어 있다.

벚나무에서 한 발짝 떨어져 자리한 키 큰 목련나무
커다란 하얀 목련 꽃잎이 피기도 전
무더기로 떨어져 서러운데

낙화하는 꽃잎마저 너무 고와
두 볼을 타고 쪼로록 눈물 한 줄기!
"햇살이 너무 눈부셔"

혼자 타고 가는 차 속에서
괜시리 소리치며 눈을 비빈다.

어느새 훌쩍 다가온 봄꽃이 지고
연초록 새 잎을 반기는 봄이 가는 길목.

작은 소망

전혀 뜻밖의 꿈에 놀라 이른 아침을 맞았다. 무의식 저편으로 다가온 얼굴에 홀로 얼굴 붉히며 그냥 그 자리에서 마주보며 웃을 수 있는 작은 소망에 감사드렸다.

옷타박 없던 애가 옷을 사 달라고 해서 신발까지 맞추어 알라딘의 신밧드로 만들었다. 모처럼 아이가 흡족해하는 모습에 덩달아 깔깔대며 웃었다. 아이는 거울 앞에서 스스로에게 취해 있었다. 혹 남친이 생긴 건 아닐까? 작은 소망으로 아일 살폈다.

축전

많은 축전과 화분 그리고 축하 전화.
밝은 빨강 봉투에 쓰인
정갈한 붓글씨!
받아드니 내 몸 곳곳에
기분 좋은 묵향이 퍼져나가는 환상,
생긴 모양대로
멋진 아이템을 발휘하여
보낸 이의 마음이 각인되었다.
축전이
하나의 예술품일 수 있음을 실감하고
피곤이 싸악 가셨다.

정월 대 보름

아래뜸 위뜸 샘골이 모여 사이좋게 이웃하던 마을
오곡밥 얻느라 열나흘 밤이 뒤뚱대고
집집마다 쥐불놀이 마당비가 숨을 곳을 찾는
불꽃으로 빛나는 정월 대보름

동수는 볏단을 모으고
영수는 뒷산 못난이 생솔가지 부지런히 쳐내어 오고
길수는 잎새 푸른 대나무 모아
마을 앞 논 가운데 달보다 큰 달집을 짓는다.

보름달 닮은 둥근 달집이 흥겨운 자진모리장단에 춤추고
집집마다 잡귀 쫓는 농악놀이패의 구성진 가락에
아낙들의 엉덩이가 실룩샐룩!

동산에 둥근 달이 뜨면
달집태우기 놀이로 마을마다 환호소리 하늘까지 놀라고
생솔 대나무 어우러진 검은 연기 따라 터지는 함성
덩실대는 춤사위 따라 둥근 달집태우기

마을 뒤 대밭에선
옥배와 점순이의 사랑이 무르익는 밤
타닥타닥 달집 타는 소리
옥배와 점순이의 심장 뛰는 소리
대숲 이파리도 덩달아 술렁대는 정월 대보름 밤

밤이 이슥하도록 대낮같이 환한 정월 대보름

하얀 고무신

스무 해 동안
우리 집 댓돌 위에 주인 잃은 하얀 고무신
신는 이 없어도
나란히 놓인 고무신은 희기만하다.

역마살로 집 떠난 아버지
'육순 넘으면 들어올 거여'.
아버지는 고무신을 보시며
혼잣말로 엄마에게 약속하셨다.

엄마는 심드렁하게
'오거나 말거나'
신지 않는 신발만 날마다 닦고 있다.

엿장수에게 엿 바꿔 먹으려다
호된 꾸중 담긴 한 켤레의 고무신

밤손님을 몰아낸 날
고무신이 대견하다고
하얀 고무신을 희다 못해 파르스름 닦는 엄마
"엄마! 신발에 구멍 나겠네."
쫑알대는 영이 말에도 싱글벙글 웃으시는 엄마

영이는
흰 신발이 더 커다랗게 보여
작은 손뼘으로
몇 번이나 재어보는 하얀 고무신.

지리의 사계가 그립다

노고단 허리를 감도는 운무와 이슬 머금어 더욱 황홀한 원추리 꽃밭. 장터목의 고사목은 지금도 여전할까? 지천에 널린 연산홍과 철쭉 군락지, 팔월 이맘쯤, 모닥불 앞에서 목청껏 불렀던 비목이 추억 저편에서 되살아나 애꿎은 피아노만 한 시간 정도 두드려대어도 지리의 사계가 눈앞에 펼쳐져 못 견디게 보고 싶다.

생일

생크림케익으로 쉰다섯 번째 생일을 축하 받았다.

재치덩어리 막내의 노래가 흥에 겨웠다.
오붓한 생일잔치에 남몰래 흐르는 눈물, 눈물들….

그리움

그 무언가를 그리워함은 따뜻한 가슴을 가진 삶을 의미한다. 가뜩이나 메마른 세상에 단비처럼 나를 흠뻑 취하게 하는 '그리움'이 있어 나는 웃을 수 있고 쳐진 어깨를 곧추 세울 수 있다.

'나를 부르는 사람이 있다.
나를 이끄는 사람이 있다.
나를 떠나 살게 하는 사람이 있다.
실상 나는 몇 날을 방황하고 있다.'*

이 저녁 내 그리움의 실체는 하늘 사람 되신 어머니, 소박한 웃음으로 가신 어머니의 품이 한없이 그립다.

* 손광은 시인의 시 「산책」 일부

존재의 가벼움

애써 취한 일상으로부터의 탈출에서 되돌아와 자리한다. 든 자리는 티 나지 않는 대신 난 자리의 공백이 여기저기 삐져나와 쌓인 일로 잠깐 가슴이 답답하다.

몇 해 전, 이사승진으로 식구들 모두 기쁨을 서로 나누던 열기가 가시기 전, 견디기 어려운 상실의 아픔을 주고 연기처럼 사라진 고통을 떠올린다. 그 후로 소유보다는 존재에 무게를 두며 사는 법을 터득하였다.

오늘도 난 새롭게 맞이할 패러다임에 흔들리는 꽃을 보며, 십년 뒤의 나를 상상한다. 아무래도 없을 수 있는 일이란 존재하지 않고, 상상할 수 없는 일들이 현실로 다가와 우리를 당혹하게 하는 일이 예상 외로 많다.

사랑이라는 묘약과 함께 우리가 치루어야 할 과제는 소설보다 더 소설 같은 현실적인 일들로 가득하다. 그래서 서로에게 기댈 어깨가 필요한 모양이다.

제2부

부치지 못한 편지

사랑해

늦은 조문을 다녀오는 길목.
살가운 바람 끝에
맥주 한잔으로 홍당무가 되었다.

늦둥이를 가진 그녀도 퍽 외로운 모양이다.
마침 옛 노래 '사랑해'를 듀엣으로 불렀다.
'맞아. 예전에 달이 뜨면 무던히도 부르던 노래였지.'
낯익은 노래들로 어색함을 달랬다.

비 그리고 피아노 연주

종일 구름이 하늘을 들쑤시더니 늦게 비를 뿌린다. 몸이 먼저 비를 부를 나이가 되어 굵은 빗방울이 떨어지자 피아노 앞에 앉는다. 로망스를 시작으로 제 흥에 취해 손 가는대로 두드려댄다. 친구의 전언에 의하면 지리산 노고단자락에 원추리 꽃이 꽃망울을 머금었댄다. 노고단 등성을 온통 물들일 원추리 꽃이 눈에 자꾸 밟힌다. 비 맞은 원추리 꽃망울은 생각만하여도 가슴 설렌다. 평생 가슴에 품어도 벅차오르는 지리의 넉넉한 품이 내리는 빗속에 되살아난다. 지리산은 풍만한 가슴을 풀어 헤치고 젖을 먹이는 어미의 자태로 날 유혹한다. 섬진강도 지리산을 감싸고 비취빛으로 산을 아우른다.

철따라 물빛이 변하는 내 고향에
섬진아씨, 안기고픈 지리산!

새벽을 여는 기도

하나님으로부터 고이 받아
하나님께 바치는 첫 새벽
흔들림 없는 평강과 베풂으로
나를 기억하는 님들을 위하여
축복 담긴 기도로 하루를 열게 하소서.

구원에 이르는 길섶
함께 할 버팀목을 주신
두 딸에게도
기도 가운데
반가운 하루를 맞게 하소서.

빈약하나 내 작은 어깨에 기대어
숨고르기를 하고픈
모든 이들에게
영혼의 쉼터로 위로받도록
모두를 위한 중보기도
즐거움이 가득한 아침을 열게 하소서.

소망이 남실대는 여명 위로
떠오를 마알간 해
시작은 미미하나
희망의 끝이 골고루 이어지도록
이른 새벽 서러움에 떨고 있는 이에게
따순 햇살 올올이 풀 듯
훈훈한 기도로
오는 아침을 채워주소서.

소나무

크고 작은 섬들이 옹기종기 모여
도란대는 해금강 높은 바위에
천년 비바람 안고 하늘 향해 기원하듯
S라인을 뽐내는 소나무 한 그루
홀로 남해를 지키고 있다.

여름 내내 달궈진 검푸른 물결은
대마도를 향하여
시퍼런 파도를 너울대며
바다로 바다로 줄달음치고
키 작은 소나무 물결을 얼러준다.

포세이돈의 장난에
파도에 갇힌 외로운 섬 외도를 지키는
소나무 한 그루는
해금강을 지키는
작은 등대.

칠월여행

비와 함께 더위가 비에 흠뻑 젖는 동안 후다닥 칠월이 떠밀려가고 모처럼 가없는 하늘 가장자리로 여름 특유의 뭉게구름이 잘 여문 목화꽃마냥 피어 올랐다. 여행 전의 설레임과 호기심 그리고 약간의 두려움과 기대로 아이같은 마음이 되었다. 좋은 추억 한 조각 얻도록 기대해 본다.

여행은
사람과 사람의 만남으로
항상 가슴앓이를 동반한다.

올해도 철쭉꽃이 피었습니다

님하!
유월을 알리는 철쭉이
초하루 아침 하늘 향해
한 송이 꽃 나팔을 불어댑니다.

나팔 닮은 주홍빛 꽃잎이
너무 고와 저절로 눈물이 납니다.
님께서 집에 들여온 지
스무 해를 넘긴 아름드리 화분에
유월부터 구월까지 꽃을 피워내
신기해하던 님의 얼굴이 주홍빛 꽃 안에서
숨박꼭질 하듯 보이다 사라지다.

준비 없는 이별 후
우리들의 이야기를 알리는 꽃 나팔이 되어
때로는 신이 나서 더러는 구슬프게
하늘에 계신 님에게 전하였죠.

지금은 내 팔이 아파 고생하고 있다고
살아 내는 게 너무 버거워
님에게 전하지 못한 이야기들
뻥 뚫린 님의 자리에 맴도는 허전함
꽃나팔로 전합니다.
비어있는 님의 자리 메워줄 힘을,
아이들의 좋은 어미 될 용기 달라고
활짝 핀 꽃 나팔을 하늘까지 닿도록
힘 모아 불어댑니다.

대마도의 여름

아주 오래된 미래를 울창한 삼나무로
올곧게 끌어안은 대마도는
부산을 뒤로 하며
익숙한 얼굴로 반겨 주었다.

수신사에 핀 수줍은 참나리
산 골골이 뒤덮인 원추리 꽃물결
전망대에서 본 리아스식 해안의 아름다움
손을 담그면
초록 물빛이 묻어날 것 같은
마알간 바다가
초록의 땅이라고 속삭이고 있었다.

남도 어느 섬 하나가 밀려와
멈춘 대마도
새로운 역사를 꿈꾸며
오래된 미래를
흐르는 물 따라 걸러내고 있었다.

골골을 끌어안고 휘도는 물결은
낮은 데로 흘러
역사의 뒤안길 급물결을 타며
초록바다로 향하고 있었다.

어머이의 절구 춤

내가 살았던 남녘에선
어머니를 '어머이~'로 불렀다
가족들이 귀가할 때 제일 먼저 "어머이"를 찾는다.

열아홉에 결혼하여
바깥출입은 시장가는 것이 전부였던 그녀.

모든 것을 시앗을 둔 아버지의 뜻대로
숨죽이며 사셨던 어머니가 제일 기쁜 날은
봄 화전놀이에 얼큰히 취하여
절구 찧듯 추는 도구대* 춤사위

아는 노래라곤 수심가 한 구절
"아마사탕 묵을 때는 쎄(혀)가 뱅뱅 돌고요.
서방님한테 매 맞을 때는 하늘이 뱅뱅 도네."
막걸리 몇 사발에 곡조도 없이 부르시던 노래

넓은 화전 놀이판이 무너지도록
홍조 띤 얼굴로 절구 춤을 춘다.

이제는 뵐 수 없는 어머니의 기일에
장난기 많은 오빠가 절구 춤을 추었다가
웃음 반 울음 반인 식구들 모습 보며
흰 머리 쓸어 올리고
"어머이"
부르는 볼멘소리
애써 꾸욱 누르다 터져버린 울음보따리.

* 도구대 : 절구대의 사투리.

부치지 못할 편지

뜻하지 않은 일로
허리가 휘는 일상에 다른 과제가 주어져
일복이 터졌다.

이런 날이면
"괜찮아. 시간이 다 해결사야."
내 여리고 동그란 어깨를 토닥여줄 사람이 생각난다.
너털웃음 보따리를 늘 갖고 있는 사람의
얼굴이 천정에 가득찼다.

꿈길에서 행여 만날까
너무 지쳐 눈이 감겨지지 않는 상태로
심호흡을 하며
유난히 큰 얼굴을 하나 둘 떠올리고
애써 질끈 눈을 감는다.

오늘, 버거운 어깨를 내려 놓고
긴 잠을 자야겠다.

빗속에 웃고 있는 샤프란

수줍게 고개 내밀던 샤프란이
마알간 분홍색 꽃잎을 활짝 열었다.

고운 꽃잎이 여섯 갈래로 퍼져나간 속에
연 밤색 꽃술을 깔끔하게 달고 있어
청초하고 화려한 자태가 나를 이끌었다.

연분홍 도톰한 꽃을 보며
이십여 년전 큰 애의 오동통한 볼이 생각났다.
피부가 유난히 깨끗한 큰 아이는
연분홍 옷이 잘 어울려
원피스, 가디건, 조끼, 양말까지 입혔었다.

아이는 이제 스물 넷이 되어
분홍립글로스를 바르게 되었고
소개팅을 한다고 즐거움에 들떠있다.

산세의 새 순 둘

산세(산세베리아)를 한 달전 분갈이하여 주었더니 살짝 흙을 밀치고 새 순 두 개가 마치 아기염소 뿔 모양으로 앙증맞게 돋아 나왔다. 삽목하여 주었던 바이올렛 잎새에서도 서너 개의 새 순이 수줍지만 윤기 나게 올라오고 있었다.

새삼스럽게 고운 햇살에,
검붉은 흙에,
말간 물에,
그리고 보이지 않는 공기에게
고마움을 느꼈다.
볼 수 있는 눈과 더운 가슴을 주신
하나님께 감사드렸다.

* 산세 : 산세베리아

장마

어김없이 올해도 장마가 시작되었다. 도란도란 같은 속도로 내리는 비와 함께 아이들이 왔다. 소우주를 아기자기하게 꾸며주던 샤프란, 풍란, 철쭉이 모두 꽃잎을 떨구었다.

유난히 달이 눈이 부신 밤. 올해도 살아계셨으면 구십이 꽉 찬 생신날 어머니는 말없이 내게 보석보다 값진 두 딸을 선물하셨다. "어머이! 내 어머이!" 어미의 정은 늘 나이와 상관없이 온 세상을 섬진강물처럼 도도히 적신다.

원추리 꽃

어머니 품안 닮은 지리산 등반
마흔 해를 훌쩍 넘긴 귀향 길
원추리 꽃이 온 산을 덮었다.

주홍빛 꽃무늬 원피스를 입고
가쁜 숨을 토해내며 처음으로 오르던 길
코재를 힘겹게 넘어가서 본 산자락
6학년 아이들의 함성 속에 화들짝 피어
온 산이 커다란 꽃밭으로
꽃인지 사람인지
모두가 빛났던 산 골 골짜기.

수줍은 꽃봉오리 이슬 머금어
오가는 사람 반기다
산허리 안개 걷히면 주홍빛 물결로
술렁대는 노고단의 한 여름 산행 길
어릴 적 소풍갔던 기억을 산자락에 풀었다.

지천에 널린 원추리
이슬 머금어 수줍게 웃고
꽃을 보는 우리들의 모습만
지나온 세월을 담아 주름진 얼굴마다
마흔해 전으로 돌려놓은 꽃빛 물결

환한 얼굴에 마주보며 웃다가
감추어 있던 동심이 되살아나
실눈 마주보고 깔깔대는 소리
붉게 타는 지리산도 따라 웃었다.

그 꽃집

내가 사는 아파트 정문 앞 그 꽃집
큰 키의 자바, 우람한 행운목
곰살 맞게 작고 예쁜 선인장, 바이올렛, 시클라멘
좁은 공간에 빼곡히 들어 찬 꽃나무들
자스민향 따라 참새가 방앗간 드나들듯
퇴근길에 날마다 들렀다.

향기로운 꽃을 보는 것보다
더 아름다운 건
주인 부부의 사랑의 눈빛.
날마다 훔쳐보고 싶었던 건
감추려 애써도
흘러나오는 부부의 애틋한 눈 맞춤.

사랑이 깃든 자리
콧소리 담아 부르는
"여보! 여기요!"
꽃 나무도 귀를 여는 그 꽃집

늦은 봄
가게 밖으로 나온 화분들에게
야박하게 붙여진 할인가격
눈빛 선한 부부가 이사 간다는 소리에
사랑초 담긴 화분을 두 개나 샀다.

더워요

더위가 기승을 부려 생각이 모두 달아나 머리 속이 텅 비었다. 밀린 일은 많은데 더위로 다운된 내 안의 나는 땀에 절었다. 무던히도 땀 많은 금복주는 지금 어떻게 더위를 이기고 있을까? 본연의 나를 가끔씩 내치는 일상 속 슬며시 내 속에 들어와 똬리를 틀고 세차게 또는 슬며시 흔들어 댄다.

악녀의 세계사

'악녀의 세계사'를 읽고 있다.
읊을수록 새록새록 정이 넘치는
시조 한 수가 어울리는 날!

'동짓달 기나긴 밤 한 허리를 버혀내어
춘풍 이불아래 서리서리 넣었다가
어론 님 오신 날 밤이어든 굽이굽이 펴리라'*

시조를 읊으시는 어른의 미소가 생각났다.
흥에 겨워 배우지 않아도
배어나는 어깨춤으로
세상에 초연하여 뭇 상념들을 정제시켜
느긋함을 즐기고 사시는
그 분의 생활철학을 배워야겠다.

* 황진이 시조 일부

울지 마라

미팅을 갖기 전 정호승님의 '울지 마라'를 낭송하여 주었다.

가을을 접는 만추의 낙엽들이 서럽도록 고운 빛을 띠고 있어서 나름대로 사람들의 가슴에 사랑을 지폈다. 모두 카피하여 달라고 하여 그들도 외로움을 감추고 있음을 알았다.

스물 하고 둘이 된 꼬맹이

'꼬맹이'라 불리는 막내딸
풋풋한 젊음과 열정 가득한 눈빛으로
스물하고 둘이 된 날

누르면 터질 듯한 단단한 몸매가
눈이 부셔
헤실헤실 웃고 있는 나를 보고
'고슴도치 엄마'라고 놀려댔다.

스물 하고 둘이 된 꼬맹이에게
어미 마음 담긴 편지를 안겼다.

주저리주저리 피어나는
글밭에 담긴 사연 보고
아이는 울까 웃을까?
석 장의 편지지에 빼곡 담긴
아이 향한 그리움에
눈시울을 붉힌다.

거자수의 꿈

얼마나 많이 난도질을 당했을까?
물오른 가지마다 숱한 금 자국들
아물지 않은 생채기에 비지땀을 쏟는 거자수
물 받는 촌부의 손놀림이 바빠집니다.

잎새 피울 힘도 없어
나무는 껍데기까지 벗겨져
하얀 속살을 드러내며 애원합니다.
"다음해 쓸 마중물은 남겨주세요."

이른 봄이 너무 잔인해
나무는 목마름을 참아 잎새 푸른 잔가지
하늘 향해 떨며
많은 잎새 피우고 또 피워냈습니다.

하늘 향해 팔을 벌려
시린 꿈을 손짓합니다.
벗겨진 가지 바람 노래에 맞춰

상처투성이 줄기에 햇살은
거자수의 둥근 꿈을 안깁니다.

천지가 열리고

궂은 날씨로 안개구름에 숨어버린 천지연
태초에 비바람을 다스리던 손길 내려와
숨겨진 천지를 열었다.

열여덟 신기한 봉우리
속내를 알 수 없는 청록의 심연
한 찰나에 눈부신 햇살이
심연의 물비늘을 흔드는 백두산 오후의 천지

모진 비바람 거두는 신비의 손길
한 송이 커다란 무궁화처럼 피어난 천지연

겨레의 얼과 높은 기상을 당당히 내뿜으며
한반도 지붕에
우리도 한 그루 무궁화가 되었다.

열여덟 봉우리 꼭대기마다
'무궁화 꽃이 피었습니다!'

백두대간이 기지개를 펴도록
목청껏 외쳐보고 싶은 자리,
구름도 맑은 해를 뒤따르며
천지연 물결을 깨운다.

하늘과 맞닿은 천지의 물결
하나 되는
반도의 마중물을 힘껏 아우르고 있다.

천지연 꼭대기에 서면
누구나 하나 되어 부르는 노래
'동해물과 백두산이 마르고 닳도록'
열여덟 봉우리도 귀 기울여 듣는 노래
심연의 천지에 울려 퍼진다.

합격

두려움에 마음 졸이며 기다렸던 딸아이의 약시 합격증이 가슴에 기쁨으로 다가왔다. 시험에 나약한 딸의 체념과 극도의 공포 앞에서 속수무책으로 두 손 놓고 같이 있어주기만 해야 하는 어미의 한계를 느꼈던 허무함 뒤에 오는 기쁨, 아이는 컴퓨터 바탕화면에 합격증을 깔고 정말 좋아하였다. 앞으로 다가올 숱한 선택이 더 어려운 시험이라는 걸 아이는 알까? 하지만, 마음껏 축하의 세레머니를 날렸다. 우리 모두에게 슬프도록 진한 떨림의 감동을 선물하였다. "딸아! 고마워. 이제 넌 독립하겠지? 네가 가는 길에 서광이 함께하려고 거실 화분에 노랑별꽃이 화르르 피었나보다." 오늘 아침은 물안개 세상이었다. 아침 안개 가득한 날에도 안개 뒤에 찬란히 빛나는 태양이 돌고 있음을 알리듯 한치 앞도 구별 못할 만큼 짙은 안개로 하루를 맞았다.

'하루의 시작은 사랑으로
한 주의 시작은 웃음으로
한 달의 시작은 믿음으로
일 년의 시작은 꿈을 꾸는 것으로'
가슴으로 딸에게 전하여야겠다.

봉급 봉투

못 만났던 가족들이 모두 모였다.
아이는 오자마자 내 앞에
빨간 하트가 가득 그려진 봉투를 건넸다.

'세상에!'
가슴아래로부터 치받는 불덩이가 올라와
어느새 목이 메어 왔다.

아이가 흘린 땀이 밴 봉투를 보며
'울까 웃을까?'
아이는 배시시 웃으며 끌어안고
서투른 왈츠를 추었다.

오늘 따라 아마릴리스의 커다란 꽃이
더욱 선명히 다가와
거실 곳곳을 선홍빛으로 물들였다.

제3부

따로 또 같이

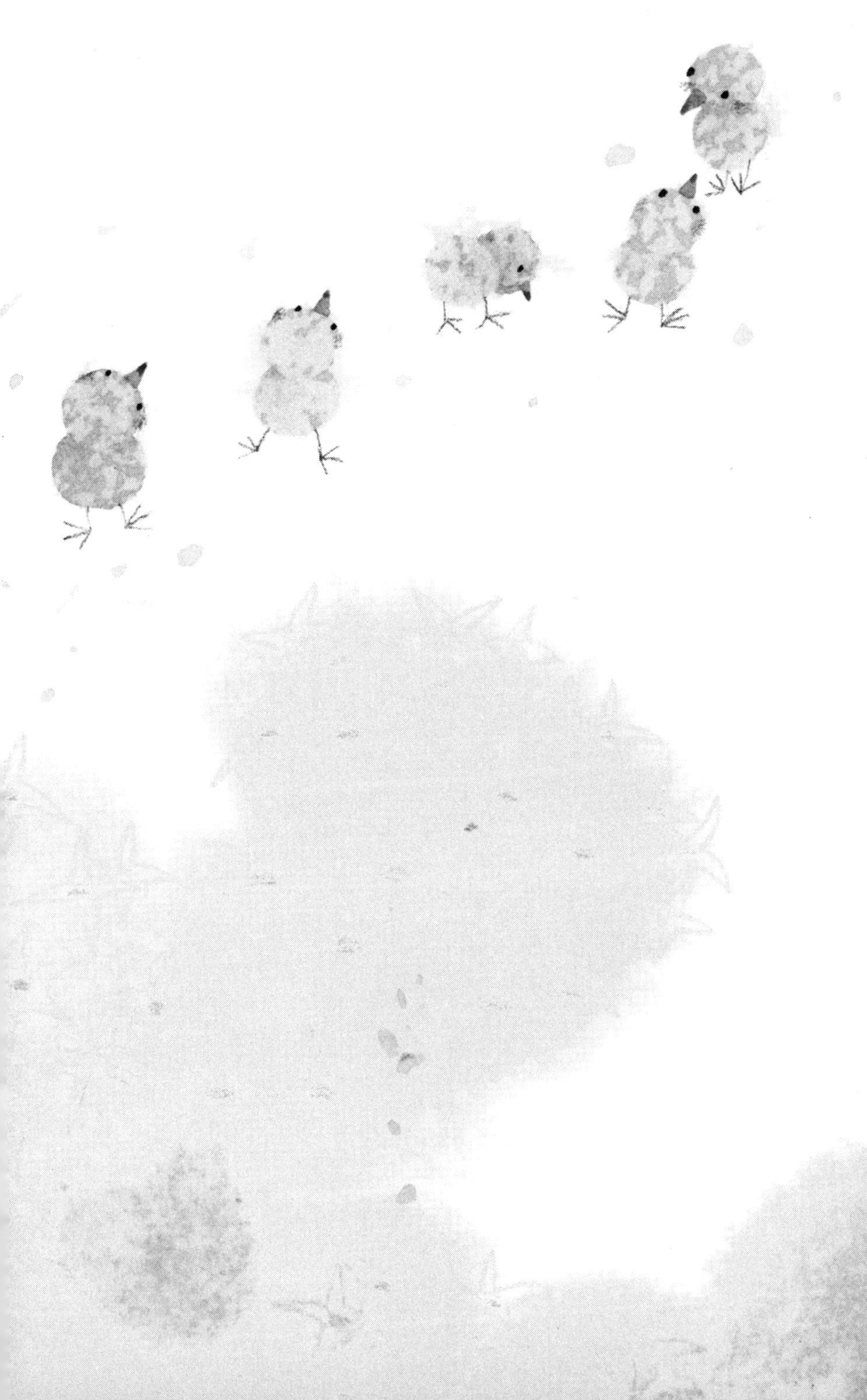

소망

둘레길 걷기운동을 다시 시작했다.
하늘은 손에 닿을 듯 낮게 내려와
별들을 쉬게 하고
조각달이 달무리를 두르고
비구름을 안고 있다.
둘레길을 걸으며 김 선생님이 물었다.
"올 해 소망이 뭐예요?"
정초에 선배님이 보낸 연하장에 박힌 메시지
'앎의 기쁨
삶의 지혜
을미년이 가치로워라'
김 선생님의 가치로운 삶은 무엇일까?
평생 배우며 즐기는 기쁨!

기다림

꼬박 두 달을 기다려 잎새 하나에서 얻은
바이올렛의 앙증맞은 새 순
솜털 보송한 연초록 작은 잎새 안
샘솟는 삶의 에너지

미처 찾지 못하다
화단 귀퉁이 그늘진 곳에
웃음을 참고 서 있는 샤프란의 꽃망울
매달린 햇살 한 줌으로
한 줄기 바람에 실려 온 잔잔한 설렘

무성한 아이비 잎새 뒤덮인 내 '소우주'*
빙그르르 웃으며 기다리는
사랑초와 꽃기린의 꽃망울들
활짝 필 그 날 이야기로
품어내는 긴 기다림에
따가운 해 구름에 숨었다.

* 소우주: 집안에 있는 실내 화단 이름

가족결성 26주년

해마다 장미꽃 바구니로
시월 스무이레
결혼기념일을 장식해 주던
남편의 빈자리

아직 어린 티를 벗지 못한 두 딸이
살포시 시린 옆구리를 치고 들어와
새로 탄생한 말

'축 가족결성 26주년!'

장미꽃 대신 준비한 국화송이에 매달린
'가·족·결·성'
네 글자가 가슴을 후빈다.

꽃바구니 들여 놓고
국화 꽃 향 온 방안 가득한 아이들 마음
"얘들아! 엄마에겐 희망이 두 그루나 자라고 있구나."

스물여섯 번 째 맞이하는 결혼기념일에는
듬직한 남편의 미소 대신
두 아이의 꿈이 매달려
국화꽃 송이에 숨어 있다.

하루

나는 어디로 가고 있는가?
나는 무엇을 향하고 있는가?
아직도 꿈꾸고 있는 것이 무엇인가?

님하!
이 가을 외로움도 가치롭게,
그리하여 사랑하게 하소서.

구월 보름에

종일 북적대던 식구들이 집안 구석구석 흔적을 흘린 채 일상으로 복귀하였다. 순간적으로 우주 한 가운데 홀로 남은 기분이 들어 피아노를 두드렸다. 떠나간 막내가 보름달이 유난히 밝다고 밖을 내다보라는 전화! 집안 가득 달빛을 들이려고 롤스크린을 모두 올렸다. 차고 푸른 가을밤을 달빛가루로 채우며, 달은 내 소중한 아이들처럼 환하게 하늘 바다를 지키고 있었다.

두 아이가 빚어낸 갈등을 봉합한 어젯밤, 난 막내라서 자라는 동안 형제간에 다툰 기억이 없다. 그저 서로 보고 싶어서 방학과 주말을 기다리는 꼬맹이였는데 두 아이들이 사소한 일로 마음 상하는 게 안타깝다. 다행히 서로 화해하고 떠났다. 서울 집에 도착하면 어미의 편지로 둘은 더욱 단단하여 지리라 믿는다. 달 속에 두 아이가 여진히 넉넉한 웃음으로 웃고 있었다.

'달아 노피곰 도ᄃᆞ샤
머리곰 비취오시라.'*

* 정읍사 일부

바다를 품고 싶은 날

잔잔한 수면 위로 은비늘이 춤추며
비릿하고 짭조름한 갯내음이
코끝을 간질이면
파도치는 바다를 품에 안고 싶다.

나이만큼의 속도로 질주하는
시간의 급류를 타고
모래밭에 물보라를 날리며
몇 번이고 부서졌다 다시 모이는
힘찬 파도를 끌어안고 싶다.

속내를 알 수 없는 바다 속 이야기
철따라 바뀌는 물빛을 보며
천의 얼굴을 보여주는 바다는
세상 이야기를 모두 담을
커다란 귀를 활짝 열었다.

오이디푸스의 절규가 살아 숨쉬는

성난 파도를 달래는
에메랄드빛으로 오월을 담금질하는 바다.
오늘은 나만의 바다가 무척 그립다.

따로 또 같이

주체하지 못할 만큼 폭설이 내렸다.
하늘은 그동안 모다 두었던 눈들을
연신 잘 여문 목화송이처럼 뿌려댔다.

'흰 눈은 한 잎 또 한 잎
영기슭을 덮을 때
짚신에 감발하고 길 짐 메고 돌아서도
다시금 돌아보이는
다시금 돌아보이는'*

언제부터인지 함박눈이 내리는 날이면
집 앞 화단을 지키고 있는 크로커스를 연상한다.
꽃잎들은 하늘 바다를 따로따로 유영하다가
홀로 있음이 서럽고 지치면
서로에게 다가와 여섯 개의 꽃잎이 모여
바람개비처럼 세상구경하고 지상으로 내려온다.

* 김소월 시 「두 사람」 일부

폭우

폭우에도 원추리꽃은 마알간 주홍빛으로 주변을 밝히고 있다. 해마다 산나리 축제를 하는 노고단 정상이 지금쯤 온통 꽃으로 불타고 있겠지. 이번 폭우로 나리꽃이 쓰러지지 않았으면 좋겠다.

빈 터울림

여인네 저고리 앞섶만큼
날아갈 듯 둥근 곡선을 그리며
자리하던 기와집 두 채
사람의 손길이 닿지 않아
흉물스럽다며 흔적도 없이 헐린 빈 터.

집은 간 데 없고
키 작은 아기 단풍이
화단가득 늘어진 골담초와
사이좋게 얼싸안고
사람의 흔적을 메우고 있다.

빈 터에 심겨진 그린피스 열매
사람들의 온기가 스민 곳
이랑마다 빼곡이 매달린
그린피스 꼬투리가 익어가고 있다.

헐린 빈 터를 채우는 숱한 이야기

사춘기의 순수가 살아나
깃발처럼 나부끼는
햇살 가득한 오후
배시시 혼자 웃다
바람에게 들켜버린 어설픈 짝사랑,
보는 사람 없어도 벌겋게 달아오른 볼.

가을을 부르는 크로커스

아침에 헤이즐넛을 앞에 놓고 유끼구라모토의 곡을 들었다. 가을이 몸으로 살며시 스며들었다. 하루는 더디 가는데 일주일은 너무 빠르다는 아이들의 투정을 떠올리며 나는 절박함에 젖는다. 마치 욕심껏 쥐고 있던 모래 한줌이 미처 추스를 수 없이 손가락 사이로 빠져나가 빈주먹을 움켜쥐고 있는 것처럼.

일흔이 넘은 엄마 같은 큰 언니의 전화선을 타고 건넨 건조된 푸념 한마디! "사는 게 별 거 아니다. 너무 욕심 부리지 말아라." 아직 넘어가야 할 언덕이 남았는데 월요병에 걸린 사람마냥 내 몸 구석구석에 남아있는 에너지가 소진되어 헛헛한 웃음을 날렸다.

해마다 이맘때면 하얗게 피어나던 크로커스가 올핸 늦장을 부려 꽃을 볼 수 없다. 꽃을 피지 않을 작정일까? 흰 수선화를 닮기도 하고 함박눈송이를 연상하게 하는 크로커스를 보면 가슴 설레는 풋풋함으로 떠올리는 얼굴 하나가 꽃 속에 숨어 두 눈을 감기운다.

꽃지

컴퓨터 바탕화면에 올린 꽃지. 물이 들면 섬이 두 개가 되고 물이 나가면 한 섬이 되는 꽃지는 이름만큼 아기자기하게 예쁘다. 차이코프스키의 피아노 협주곡 1번을 들으며 꽃지 섬을 아우를 크고 작은 해파를 연상한다. 바다는 우리에게 많은 걸 깨닫게 한다. 소란한 속내를 아우르는 고요함, 천방지축 날뛰는 성난 파도 뒤의 하얀 포말, 시시때때로 변화하는 물빛의 깊은 푸르름, 하늘과 가장 가깝게 입맞춤하는 수평선, 그리고 눈이 시릴 만큼 찬란한 저녁노을과의 만남으로 이뤄지는 낙조 물기둥이 주는 찰나 속의 허탈!

세상이 변해도 꽃지는
세월이 흘러도 꽃지는
늘 그 자리, 그대로다.

저 하늘에도 슬픔이

피아노를 치다가 '따오기'란 동요가 생각나 조금은 구슬픈 모양새로 쳤다. 아주 오래전 내가 초등학교 시절에 보았던 '저 하늘에도 슬픔이'란 영화의 주제곡이라서 눈이 퉁퉁 붓도록 울며 감상하던 장면이 빠른 템포로 스쳐갔다. 아마 그 영화를 지금 재방영한다면 어떨까?

아이들의 가치관과 정서가 참 많이도 변하였다. 따뜻한 가슴이 있지만 쉽게 냉랭해지는 아이들의 정서가 알루미늄 냄비 같다. 하지만 재치는 넘친다. 위기상황 대처능력도 뛰어나다. 상대의 마음을 빨리 읽고 그에 어울리는 말도 솔직하게 표현할 줄 안다. 요즘 표현으로 쿨하다.

단감

친구로부터 작년에 이어 올해도 무공해 단감을 받았다. 택배로 보낸 그 애의 정성이 가슴에 또 다른 그리움을 안겼다. 굵고 탐스러우면서 달디 단 단감을 껍질도 벗기지 않고 한 입 베어 문다.

친구는 맛있는 갈치조림도 해 주었다. 두꺼운 무를 깔고 싱싱한 목포 은갈치를 토막 내어 홍고추를 듬성듬성 썰어 얹어 알맞게 조린 살 많은 갈치조림. 받기만 하였던 그 애의 배려를 지금도 잊을 수가 없다. 내게 베풀 때마다 행복해 하던 그 아이는 지금도 무턱대고 날 좋아하며 팥으로 메주를 쑨다고 하여도 믿는다.

다행히 친구는 좋은 남편과 반듯하게 자란 아이들과 '행복한 가정'을 꾸리고 있어 볼 때마다 흐뭇하다. 난 친구에게 무얼 보낼까? 오래도록 함께하며 내년엔 바깥바람도 같이 맞자고 하여야겠다.

내 안에 살아 있음에

당신이라는 말이 부담스러워
"있잖아요?"라고 부르면
"응, 있지!"로 대답하던 이.
이제는
부를 필요도 없이
내 안에 자리 잡았다.

살아있음이 너무 버거워
양어깨를 내려놓을 때마다
올올이 감겨 숨기는
소리 없는 아우성을 잘도 다독이는 그.

습관처럼 오뚝한 콧날 더듬고 싶을 때
잠자는 딸아이의 콧날에 손 얹으면
징징대는 나를 말없이 얼러댄다.

그댄 좋겠다.
쉴 곳이 많아서.

그댄 참 좋겠다.
그리운 이 한 몸 되어.

그댄 정말 편하겠다.
온전히 모두를 갖고 싶은 사람
한 가운데 자릴 잡아서.

선물

정년 퇴임 두 달 후 편한 옷차림으로 모임에 참석하신 분. 갓 피어난 나무 잎새의 반짝이는 싱그러움이 그 분을 둘러싸고 있어서 보기 좋았다. 저녁 후 무작정 데리고 가셔서 불쑥 내민 작은 선물 상자! 너무 놀라 사양하였더니, 받은 정이 많아 주시는 거라셨다. 정성을 다하여 모신 것뿐인데 과분한 선물에 수더분한 그 분의 얼굴이 아른거렸다. 주름진 얼굴에 가득한 웃음은 또 하나 가치로운 삶을 알려 주셨다.

삼십년만의 해후

고등학교 졸업 후 삼십여 년이 지난 뒤, 이제는 중년의 멋을 풍기는 친구들이 모였다. 아이들도 적당히 잘 자라주었고, 골프투어를 한다며 너스레를 떠는 아이들에게도 어린 시절의 아릿한 모습이 남아있었다. 하지만 대화가 자주 끊기었다. 만난 지 오랜 세월의 공백이 너무 커 어린 시절의 추억으로 공감대를 형성하였다.

여전히 변하지 않은 건 그들이 갖고 있는 기본적인 캐릭터였다. 돌아가는 길에 기어이 설거지를 끝내고 돌아서는 OO이의 깔끔함이 고마웠다. 항상 남의 의견에 어정쩡히 동조하는 △△의 깊이를 알 수 없는 우수가 안타까웠다. 반가움만으로도 신나는 마당에 어색한 바람이 부는 건 세월 탓이리라.

길에서 옷깃을 스쳐도 알아보지 못할 만큼 변한 친구들의 얼굴을 보며, 내게도 배어나는 세월의 무게가 버거워 수다로 귀한 만남을 마무리하였다. 문득 다음 세상에서 만나면 어떤 표정을 지을지 몰라 하얀 카라꽃을 몇 송이 사서 미안함을 담아 꽂꽂이하였다.

홀로 있음에

내 나이 네 살 때
낮잠 자다 일어나 텅 빈 집 안
혼자라고 느낄 때
처음으로 외로움에 떨었다.

혼자서도 잘 노는 법을 기웃기웃 배웠지만
아직 난 홀로 있음에
많이 서툴다.

나이는 숫자에 불과하다고
호들갑을 떨며 이야기하지만
같이 뒹굴던 내 좋은 사람들이
별이 되어 하늘을 맴돌면
별 빛 너무 멀어
시린 가슴.

세월의 급물살 속에서
낯익은 얼굴들의 빈 자리 하나 둘

홀로 있음에 작아진 마음
그리움의 샘물을 펌프질하여 퍼내어도
아직 난 홀로 있음이
많이 서툴다.

세상 엿보기

바쁜 일정을 핑계로 미뤘던
다른 세상을 벼락치기로 다녀왔다.
언제 들어도 정겨운 사투리에
많이 웃고 밤기차의 묘미도 즐겼다.
모두 힘에 버겹게 사는 모양이다.
애써 일상을 짐 벗어 놓고 나누는
술잔 속의 애환에 과음하였다.
모두가 행복하였으면 좋겠다.
우리들은 하루를 어떻게 지내며
우리들은 또 어디로 향하는 걸까?
마음이 철렁 내려앉았다.

하얀 독버섯

동구 밖 정자그늘을 떠오르게 하는 소사분재는 방문객마다 탐내는 나무 중 하나다. 사방으로 가지 뻗어 늠름함까지 갖춘 나무에 소리 없이 돋아난 하얀 버섯 한 송이! 장맛비 때문일까, 아님 우리 집 기운의 상서로운 암시일까, 하얀 버섯 하나가 화려하게 피어 식구들이 놀란다. 눈부실 정도로 순백의 버섯 하나가 묘한 분위기를 자아냈다. 독버섯의 하얀 모습이 청초하여 예뻤다. 마침, 바이올렛 한 잎을 삽목한 지 두 달 남짓 정성껏 가꾸었더니 신기하게도 연초록 벨벳처럼 고운 새잎들이 다닥다닥 무리지어 태어나 예뻤다. 느긋한 기다림의 여유와 잎새에 숨어있는 생명의 신비를 체험하고 자연의 섭리에 경의를 표한다.

오늘도 30여 년간 봄마다 연초록 잎으로 소망을 채워주는 소사나무가 텅 빈 집을 지키고 있다. 독버섯과 함께, 눈빛과 함께.

단풍 비

햇살이 운동장 가장자리에 나란히 서 있는 은행나무
선명한 노랑으로 물들인 오후,
초등학교 2학년인 선우는 방과후 수업에 가는 길에
우수수 떨어져 있는 은행 나뭇잎을 보았다.
선우의 허벅지까지 덮는 은행잎을 보다가
씨익 웃으며 주위를 살피더니
은행잎을 한아름 안아서 하늘로 뿌렸다.
은행잎은 노랑나비처럼 선우에게 내렸다.
말끔히 비질한 운동장
단풍비 맞아 노란 운동장
선우가 단풍 비를 대여섯 번 맞을 때까지
학교 아저씨의 화난 얼굴
문 뒤에 숨어서 선우를 보다가 그냥 웃었다.
선우는 나비처럼 두 팔을 벌려 뱅뱅 돌며 웃었다.
온 세상이 노란 학교운동장에서 선우는 노랑나비다.

달

늦게 귀가하여 돌아오는 길이다. 하늘에는 팔월 열하루 상현달이 만삭인 임부마냥 부풀어 올라 다가올 추석을 밝힐 준비로 넉넉함을 과시한다. 언제부터인지 나는 달을 보면 그리운 얼굴들로 그리움을 추스르고 쳐진 어깨를 곧추 세운다.

예로부터 달은 여인네였다. 차고 여리며 열정을 뿜어내는 기품과 한 달을 주기로 여러 모양으로 변해가는 과정에서 생을 반추하는 갖가지 기억들과 연결 지어 유추해 본다. 서서히 차오르는 달을 보면 기다림의 지혜를 얻는다. 둥근 보름달을 보면 한없는 풍요와 너그러움으로 가슴에 맺힌 미운 사람들까지도 용서할 수 있는 아량을 넓힌다. 보름 넘어 지는 달을 보면 앞으로 다가올 노년을 준비해야 하겠다는 겸손함을 익힌다.

사람이 혼자일 수 없다. 교만함을 버리며 자기 앞에 펼쳐질 생의 진로를 달은 인도하여 준다. 오늘 따라 유난히 탐스러운 달 속에 두 딸의 얼굴이 담겨 생글거리고 있다. 머잖아 하이얀 박꽃이 보름달과 조우하여 빛나는 가을밤을 연출하리라.

제4부

소우주에 핀 꽃

함박눈 꽃

잘 여문 목화송이 하늘에서
흩어진 꽃잎 되어 나풀대면
소월님의 '두 사람'이
입 안을 들쑤신다.
눈 오는 고개 길에
못내 아쉬운 이별이
그림 한 폭으로 다가와
마음 안으로 젖어드는 눈꽃 송이
눈송이 하나 손가락 끝에 얹으면
꽃송이 형체도 없이 사라져
눈물 흘리는 눈 꽃
눈 송이송이 모여서
가지마다 피어내는 눈꽃
한 송이보다 여럿이 모여 오래도록
꽃으로 머무르는 눈꽃 송이송이
심술쟁이 눈보라에
더 예쁜 꽃이 되는 눈 꽃.

인연

새로운 인연이 맺어지는 결혼식. '이러므로 남자와 여자가 그 부모를 떠나 한 몸을 이룰지니라.' 창세기에 나오는 한 줄 속에 담긴 의미 있는 말을 되새겨보고 명치끝이 아려왔다.

겨울바다는 웃고 있었다

바람이 기분 좋게 얼러대는 서해 바다는
하이얀 이를 드러내어
목젖이 보이도록 박장대소하며 나를 반겼다.

서른다섯 해를 거슬러 올라 보았던
경포대의 고요한 아침바다를 떠올리며
갯바위를 치며 웃어제끼는 보령 앞바다에
'해변의 길손'을 들려주었다.

철썩이는 파도가 노래 따라 춤을 추었다.
히랍인 조르바처럼
일렁대는 파도에 묻혀 신명나게 추어 본 춤
춤사위에 뼛속까지 옹이진 갈증과 그리움들을
훌훌 털어버렸다.

털어내어도 좀처럼 떨어지지 않는
삶의 부스러기들
허술한 바닷가의 노래방에 들러

목청껏 부르는 나만의 바다 노래

가슴을 짓누르는 답답함이
얹혀진 '살아남은 자의 슬픈 기쁨'을
모래알에 덜어내려고
파도가 하얗게 웃고 있는 바닷가를 힘껏 달렸다.

바다는 여전히
하이얀 이빨을 자랑하며 웃고만 있었다.

첫 울음

해가 서산 가까이 붉은 열정으로 자신을 태울 때 음력 오월에 나올 아이가 뒤늦게 유월 초하루 첫 울음으로 세상 빛을 보았다. 사내이기를 바라는 어미의 바람을 밀치고 마알간 얼굴로 언니의 품에서 달걀 맛사지를 받았다. 지금도 뽀얀 피부를 가진 모습이 어미 같던 언니의 배려일 줄이야. 아들이 아니라서, 바리데기로 자라면서 아이는 네 살이 되던 생일에 초석돗자리 방에서 낮잠을 자고 일어나 어미와의 탯줄이 끊기는 아픔을 겪었다. 세상이 혼자서 풀어가야 할 미로찾기임을 알았다. 아이는 두려움에 꺼이꺼이 울면서 방문을 찾았다. 밖에는 아직 해가 남녘하늘을 지나 여름을 무성하게 하고 물동이를 이고 오시는 어미의 치마폭에 싸여 아이는 서러운 눈물을 한 바가지쯤 흘리며 어미 품에 안겼다. 까칠하게 풀 먹인 어미의 땀에 절인 저고리가 여린 피부에 따끔거려도 아이는 자꾸만 어미 품안으로 파고들었다. 마디 굵은 거친 손이 동그만 좁은 어깨를 다독일 때 아이는 꽃보다 곱게 화알짝 웃었다.

외출

벼르고 미뤘던 일을 밀린 과제처럼 해 냈다.
그리움의 실체는 늘 그렇게 한 자리에 못 박혀 있었고
철저하게 내 몫으로 다가왔다.

조금씩 내재된 에너지가 빠져 나가듯
아이들이 내 품을 떠나 세상으로 걸어가는 모습에
정말 탯줄을 잘라내는 아픔에 등이 시렸다.

꽃 치자

텃밭 한 귀퉁이에 키 작은 치자나무 한 그루
오월 햇살에 꽃잎을 열어
은은한 향기
부지런을 떨어 온 텃밭을 채운다.

가지마다 유선형 작은 잎새 내민 자리
초라하지 않는 다섯 홑꽃잎
하늘 향해 사방으로 팔 벌리며
타는 해를 고즈넉이 품어 안았다.

가까이 가면 진한 향기 움츠려 추스르고
먼 곳으로 품어 낼 고운 향을 살리는
노란 꽃술들
땀이 배인 어머니의 들큰한 젖비린내.

가까이 두어도 향기에 취하지 않고
멀리 두면 오래도록 묻어나는 치자꽃 향기
삶에 절인 어머니의 살내음 닮은

꽃 치자 향기

텃밭 한 귀퉁이에 키 작은 치자나무 한 그루
밭 가운데
볕이 좋아 향기에 취해 더운 바람 속
텃밭 이야기를 듣는
어머니가 숨겨놓은 작은 꽃자리
어머니의 숨결마저 향기로운 오월 한낮.

때로는

때로는
하늘을 맴도는 살랑바람 되어
숨쉬기마저 힘들어 하는 이들에게
한 줄기 상큼함으로 다가가야 할 텐데.

때로는
온 누리 밝히는 햇살이 되어
찬 대지 위를 누비며
추위에 떨고 있는 그대를 녹여 줄 텐데.

때로는
머무를 수 없는 그대 가슴 속
가득한 외로움 털어
눈물 한 방울로 씻어 줄 텐데.

때로는
무수히 뒤엉켜 있는 내 속의
또 다른 나를 올올이 풀어

마알간 하늘 물로 헹구어
고이 접어 다독여 줄 텐데.

비는 마음에도 젖어든다

오늘 비는 바람을 동반하여 내리는 눈처럼 흩뿌렸다.

내가 걸어온 길, 동굴 안에도 좁은 틈새 사이로 오늘 비가 내렸다. 이 비 그치면 고운 햇살 한 줄기로 눈이 부시겠지.

때로 사람들은
가까운 곳에 함께하는 이가 있어도 고독하다.

전근

일터가 바뀐다는 일이 이렇게 번거로울 수가 없다.
종일 작별인사와 신고식으로 하루가 갔다.

하지만 떠날 때를 알아서 떠나는
뒷모습이 아름다운 사람으로 기억되고 싶다.

소우주에 핀 꽃

홍삼찌꺼기를 화단에 주었더니 민달팽이들이 포식하였다.

난분을 분갈이하고 보니 엊그제 들여놓은 꽃치자의 하얀 꽃이 눈부시게 은은한 향으로 온 집안을 메웠다. 연초록 잎눈이 귀여운 모과나무에선 며칠간 분홍 꽃망울을 한껏 부풀리다 드디어 아침 햇살을 받으며 네 송이 꽃이 사이좋게 화들짝 피어 바람에 하르르 입맞춤하였다. 순백의 여리고 소박한 꽃이 너무 예뻐 식구들 모두 화분 앞으로 초대하였다. 만개하였다 이내 사라지는 꽃잎에 아쉬움을 얹는다.

꽃이 진 자리에도 희망의 눈이 자리하여 나무는 행복하리라.

일상으로부터의 가벼운 탈출

한 달하고 보름동안 팽팽히 조였던 현을 풀려고 혁신이라는 명제 속으로 탈출을 시도하였다! 대지는 알맞게 비를 머금어 그 동안 쌓인 먼지를 털어내어 갓 삐져나온 신록과 더러는 만개한 목련, 개나리, 벚꽃, 진달래로 무릉도원이 따로 없었다. 숨 쉴 수 있음에 감사드리고 자연에 반할 수 있는 두 눈이 있음에 더욱 감사하고 살아있는 모든 것에 경의를 표하고 싶은 날이다.

그런데, 연수원에서 강의를 하시는 분이 세상에서 가장 불행한 일은 초년 출세, 중년 상처, 말년 빈곤이라는 말을 하여 목에 가시처럼 걸렸다.

사랑이 오거든

스물여섯 눈부신 너의 젊음이 돋보이는 생일
네 곁에 다가 올 참사랑 오거든
마주보지 않아도 같은 생각으로
행복을 주는 사람인가 보아라.

생의 한가운데 서서
생명의 신비에 감사드리며
하찮은 배려도 감사하는
고마움을 아는 사람.

등을 돌리고 잠자리에 들어도
넓은 등 가득 널 아끼는 맘이 담긴 온기.
웃는 모습이 예쁜 약간의 푼수끼 있어도
맡은 일에 최선을 다하는
아름다운 사람.

세상은 살맛나는 곳이라고 믿으며
아무리 바빠도

네 이야기를 진솔하게 들어주는 사람
정작
이 한마디면 족한 것을
'서로에게 비어 있는 반쪽을 기쁨으로 채워주는 이'

나목(裸木)

부지런한 여름
피우고 또 피워져
설익은 꿈 먹다 못해
나무는 온통 푸르렀습니다.

하늘 향한 푸른 가지
몇 날을 담금질하여
낙일(落日)은 다홍빛 환희를 담아
나무를 물들였습니다.

서둘러 타올랐던 희열의 몸살
지는 잎새
회한의 소용돌이에 몰려
한 겹
느는 나이테에 둥근 꿈을 먹입니다.

이제
겨울이 몰고 올

뼈아픈 바람의 유혹에도
벗겨진 나무여도 좋습니다.

안으로 모아진 잎새들의 꿈이
크고 둥그런
내일의 행복을
노래하는 까닭입니다.

함박눈

하늘도 무너져 커다란 구멍이 생겼을까
다른 세상 가는 길을 하얀 길로 다진 걸까
소리 없이 눈이 내려 하얀 세상.

저 세상 가는 길이 너무 속상해
서둘러 가려고 준비한 함박눈
눈꽃에 숨은 서러운 이별
온 세상이 눈 속에 서러움 덮고
속절없이 펑펑 눈이 내린다.

못다 한 이야기 눈송이로 나풀대면
하나 둘 바람에 눈 녹아내리고
눈꽃송이로 마음 흩어진 눈 오는 날

그 사람의 마음이 내게 내려와
마음을 흩뿌려 놓는 날
눈 사진을 찍어 하늘까지 전한다.

그가 떠난 섣달 그믐밤 함박눈이 내리면
행여 그가 보낸 눈꽃 같아
양팔 벌려 눈을 맞는다.
눈이 금세 눈물이 된다.

꽃 등불

한 해의 끝이라 서러운 섣달그믐 밤
일 년 묵은 잡귀를 몰아내려고
집안 구석구석
꽃 등불을 켜시는 어머니의 마디 굵은 손.

정갈함이 자르르 흐르는 치맛자락 여미며
있는 정성 한데 모아
마디 굵은 손도 고와 보이는
등불 밝히시는 부지런한 손놀림.

귀가 못한 자식 걱정에
불꽃 심지를 돋우시는 어머니의 떨리는 손
'아가! 빈 손이라도 괜찮다.
불빛 따라 어서 오렴!'

타닥 타다닥 춤추는 불빛 따라
어머니의 가슴에 너울너울
집 나간 자식 위해

세상에서 가장 밝은 꽃 등불을 매단다.

설운 밤이 이슥하도록
집안 곳곳이 대낮처럼 환한 밤
등불 아래 어머니의 발그레한 얼굴
후끈 달군 볼을 만지시다
묵은 설에 켜켜이 쌓인 한 해의 설움 접을 때
꽃 등불에 후두둑 떨어진 눈물 한 방울.

춘설

때 아닌 함박눈이 왔다.
눈이 겨울처럼 소복이 쌓였다.
눈을 감상할 여유도 잊은 채 종일 바빴다.
일을 무사히 끝내고 내 마음을 살짝 열었다.
돌아오는 길에 주(酒)박사를 보았다.
반가움에 통화하고 집안에 들어서자
왕방울 눈의 주박사가 다시 생각났다.

춘설이 내 속의 그리움을 자극했나보다.

엘레강스

엘레강스로 가득 채워진 화분이 눈에 띄어 주저없이 샀다. 모양새가 잡초 같고 꽃은 안개꽃보다 작아 들꽃이 연상되었다. 작고 무리지어 피는 꽃들을 보면 무르익은 봄날 들판 사잇길이 눈앞에 선하다. 키 작은 앉은뱅이 제비꽃, 코딱지풀꽃, 냉이꽃, 달개비꽃, 노란 강아지똥풀꽃…….

풀냄새와 풋보리 익어가는 훅한 내음과 함께 어우러지는 봄 들꽃 길을 나는 봄마다 그리워한다.

미망(迷妄) 하나

겨우내 숨죽여 떨던 나무 잎눈이 연초록 눈망울 크게 굴려 요동치는 세상을 멀미를 하며 견디고 있다.

오늘처럼 하늘이 낮게 대지와 입맞춤하고 적당히 찬 공기가 기분을 상큼함으로 이끌면 그의 체취에 흠뻑 취하곤 한다. 아홉을 두 손 가득 움켜진 사람이 하나를 갖고 행복에 젖어 있는 것을 낚아채려고 웅크리는 모습을 보고 여유로운 자의 욕심이 덕지덕지 묻어나는 초라함이 너무 서러워 눈물 흘릴 뻔 하였다.

삼월이 힘없이 추위에 떨다 하르르 지는 배꽃처럼 오래전 기억에 자리한 '이화에 월백하고'를 되살린다.

시간의 물살

속절없이 시간의 물살이 급류를 탄다.
홀로 앉아
넘치는 소용돌이가
어지러워 쉬고 싶지만
물레방아보다 빨리 도는 바람에
잠시 넋을 놓는다.
보고 싶어 꿈길에서 만나길 고대하던 이가
예고 없이 나타나
찬바람을 일으키고 모질게 사라졌다.
바람에 지는 아카시아 꽃잎처럼
사방으로 흩어진 마음,
그믐밤 달을 숨기듯 꼭꼭 숨기고
오늘은 일찍 잠자리에 들어야겠다.

새해를 마중하며

인위적으로 금 그어 놓은 시간의 물살은
속절없이 남실남실 잘도 흘러간다.
보신각 타종에 술렁거림을 보면,
은혜 가운데 살아낸 날들이 고맙고
넘치는 축복을
좋은 사람들과 함께하고 싶다.

새해에는 조금 더 냉철한
합리적인 머리로
낯선 이의 쉼터도 되어주고
손발은 남보다 부지런을 떨어 살아 숨쉬는
모든 것에 정성을 다하는 사람이고 싶다.

제5부

시를 쓰는 옆 마당

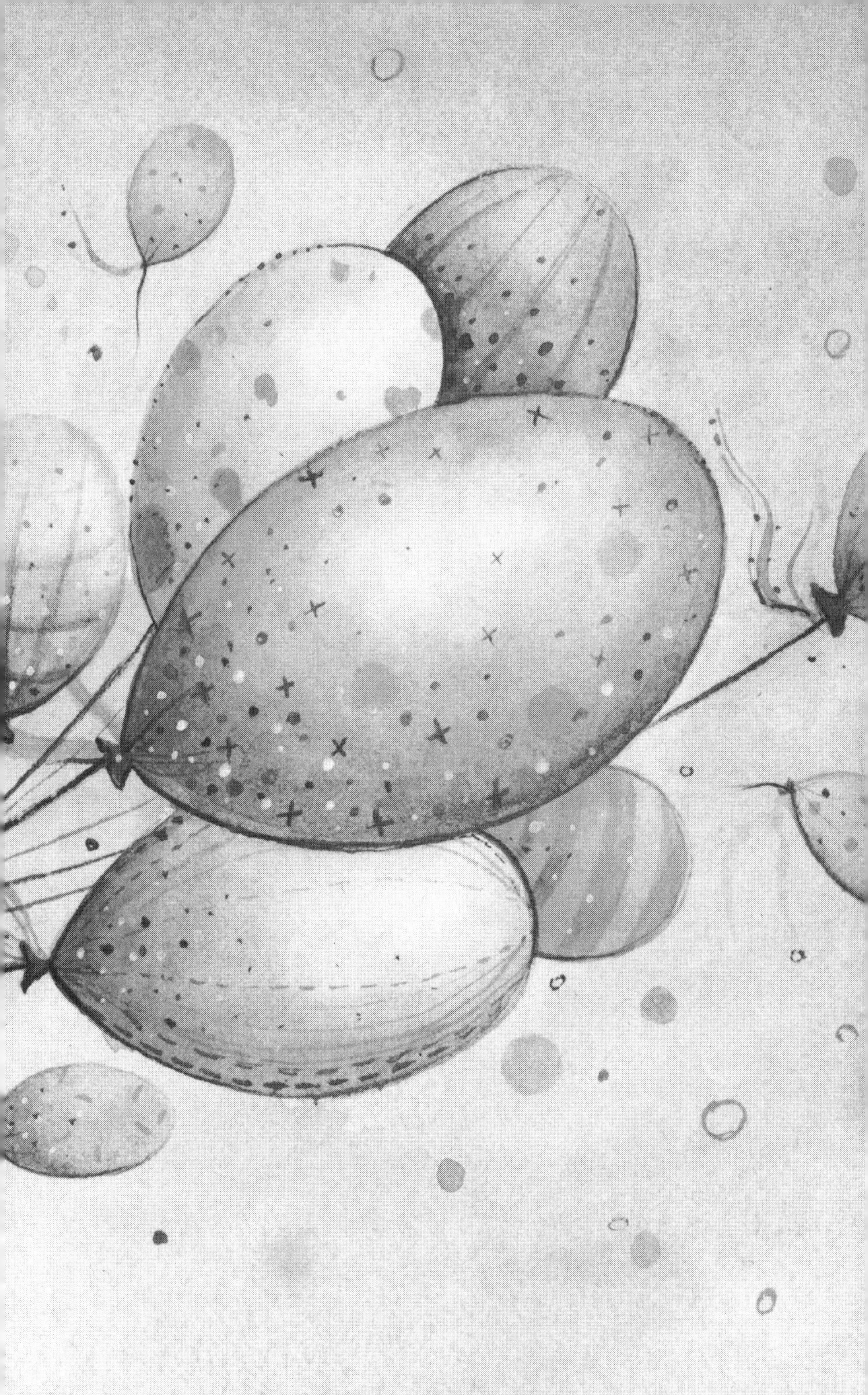

앵두 한 알, 행복 한 줌

우리 학교에는 시골집 꽃밭처럼 갖가지 풀과 꽃들로 세련미는 없지만 볼거리가 많은 화단이 있어 학생들이 꽃밭이야기로 뒤뜰이 항상 소란하다. 목련, 라일락, 할미꽃잎들이 하르르 진 꽃밭에 봄 햇살을 받으며 꽃이 핀 나무들이 꿀벌손님 맞이로 바쁠 때면 학생들도 벌떼를 닮아 소리가 높아진다.

그 중에서도 학생들의 관심과 보호 속에 사랑을 받는 나무가 네 그루 있다. 네 그루 중 하나는 담장 옆에 홀로 있어 눈에 잘 띄지 않는다. 다른 학교에서 보기 힘든 나무를 학생들은 '새달나무'라고 부른다. 열매 맛이 새콤달콤하다고 지어낸 앵두나무의 다른 이름이다.

꽃이 진 자리에 콩알같은 열매가 빨갛게 익어가는 동안 전교생은 앵두를 보며 입안에 고이는 침을 삼키곤 한다. 그러나 설익은 열매를 따는 사람은 없고 모두 나무지킴이가 되어 앵두가 익어 가도록 보살피며 기다린다. 마음 아픈 사오월을 보내는 동안, 선홍색 열매가 탱글탱글 잘 여문 보석 같은 앵두를 수확하여 유치원과 일학년 중심으로 맛보고 나머지 학생들은 나무에서 따 먹도록 하였다. 앵두를 먹던 날, 입 안 가득 퍼진 앵두 한 알의 신맛에 일그러진 얼굴을 서로 마주보는 모습에 교실은 온통 웃음바다가 되었다. 그런데 홀로 있는 앵두나무는 한 알의 열매도 맺지 않았다.

청수 배움터에서는 여러 가지 열매들이 맺어가고 꽃이 환하게 피어있는 모습을 쉽게 찾아볼 수 있다. 작년부터 운영한 쑥쑥농장에서는 여러 가지 식물들이 자라고 있다. 토마토, 가지, 고추, 호박 등의 식물이 심어져 따사로운 햇볕과 학생들이 주는 물을 먹고 쑥쑥 자라고 있다. 저마다 탐스러운 열매들이 달려있는 모습을 보며 수확의 기쁨을 맛보고 있다. 학교 막내인 유치원 아이들이 기르는 텃밭을 보면 식물이 조금씩 자라나는 만큼 아이들의 마음도 조금씩 자라나는 것 같다.

빠름에 익숙해지고 하루가 다르게 급변하는 사회이기에 기다리는 것에 익숙하지는 않지만, 이곳에서 함께 생활하는 아이들의 모습을 볼 때마다 기다린다는 것에 대해 다시 생각해보게 한다. 아이들과 마주칠 때마다 공손하게 인사를 하는 모습, 다른 사람을 배려하는 모습, 그리고 느린 친구들을 이해하고 기다리는 모습에서 마음이 한 뼘씩 자라나는 모습을 바라본다.

어울림이 아름다운 이 곳, ㅇㅇ초는 병설유치원 6학급과 초등학교 17학급 규모를 가진 곳이다. 그중 특수반은 유치원, 초등학교 합쳐서 4학급이 있다. 통합지원반 학생들과 함께 학급에서 생활해가며 아이들은 서로 다름을 이해하고 배려하며 도와주는 행동을 능숙하게 한다. 친구가 어렵거나 힘들어하는 모습을 보면 자기가 할 수 있는 만큼 있는 힘껏 도움을 준다. 자신의 마음을 활짝 열고 다가가는 모습을 볼 때면 학생들의 순수하고 고운 마음에 서로 기쁨이 넘쳐난다.

빠름, 서두름, 변화에 익숙해지고 있는 요즈음, 하나의 열매가 맺어가고 꽃이 피어나는 과정을 바라보며, 자연이 우리에게 주는 느림의 미학을 생각한다. 여유를 가지게 되면서 자연이 우리에게 전하고 있는 미세한 변화에 대해서 느낄 수 있으며 좀 더 너그러운 마음을 갖게 한다. 따스한 마음을 가지고 통합지원반 학생들과 다니며 도란도란 이야기를 나누는 학생들의 모습을 바라보며 다른 사람의 행동을 기다려주는 것, 이해하는 것이 앵두지킴이를 실천한 것이 아닐까 하는 생각을 하였다.

교육은 가르치고 배우는 과정에서 의미있는 변화의 기다림으로 이어진다. 앞으로도 ○○ 배움터 곳곳에서 학생들의 고운 마음이 다져지고 계속 자라기를 바라면서, 더욱더 영글어지도록 도와야겠다. 도우며 기다리다 보면, 노력한 만큼 좋은 열매를 보게 될 것이다. 그로 인하여 ○○ 배움터는 따스함이 어우러지는 공간으로 이어질 것이다.

만남 그리고 긴 그리움

지난 5월 3일, 우리 가족은 모처럼 백제 용미리에 있는 '추모의 집'으로 우리들의 수호천사(?)를 만나러 갔다. 차를 타고 가는 동안, 좌우로 펼쳐진 신록의 황홀한 침묵이 주는 생명의 신비로움과 경이로움은 지천으로 어우러져 있는 봄꽃들의 화려함보다 훨씬 더 내 마음을 흔들어 놓았다. 골골이 넘쳐나는 연녹색 농담(濃淡)의 어우러짐은 보면 볼수록 내게 삶의 에너지를 주는 것 같아 해마다 보는 신록이지만 힘을 얻곤 한다.

'그래, 이 얼마나 아름다운 세상인가?'

흔히, 우리들은 산과 들을 연상하거나 그림으로 표현하라면 녹색 한가지로만 나타내는데, 어느 날 갑자기 내게 평범한 녹색의 틀을 깰 수 있도록 도와준 일이 힘에 겨웠던 통근길에서였다. 두 시간 넘게 오가는 출퇴근길에서 서른을 훨씬 넘긴 나이에 내게 다가온 신록의 수많은 '녹색의 어울림'은 나를 자연과의 새로운 만남으로 이끌어주었다. 늦게나마 나는 이런 자연이 주는 아름다운 만남에서 내게 주어진 생을 재조명하게 되었고, 오십을 넘긴 나이에 소박하지만 소중한 만남들을 '하늘마음'을 갖고 사는 딸들과 향유(?)

하고 싶어 이 글을 쓴다.

만남 그리고 만남이 준 선물인 그리움은 우리 생활에서 중요한 활력소가 된다. 나아가 여러 유형의 만남은 삶의 원동력이 될 뿐만 아니라 충분한 윤활유 구실을 하고 있다고 생각한다. 이런 소중한 일상에서의 작은 만남들을 나는 크게 세 가지로 구분 짓고 싶다.

그 중에서 가장 우리가 많이 접하는 것이 사람과 사람 사이에 이루어지는 아름다운 만남이다.

맨 처음 이 세상에 나올 때부터 마주하는 부모와의 끈끈한 만남은 우리 스스로가 하나의 인격체로 성장해 가는 동안 얼마나 많은 영향을 주는가? 그러나 현재 우리들은 이런 귀한 만남에 익숙하여 가족들끼리 소홀하게 대하고 있지는 않는지…….

사람 사이에 이루어지는 만남의 또 다른 예로, 독일 관념론의 거봉(巨峰)인 '피히테'와 작센의 람메나우 교회에서 만남 남작과의 일화를 들 수 있다. 작은 시골의 소년 피히테를 독일의 유명한 철학자로서 첫걸음을 내딛게 한 남작과의 만남은 사회에서 이뤄지는 만남이 얼마나 한 개인의 운명에 결정적인 역할을 하는지 재론할 여지가 없다.

평범하지만 나에게도 지금의 나를 있게 해 준 좋은 만남이 중 1 때 영어선생님과 이루어졌었다. 지금 내가 하고 있는 일에 소신을 갖게 하여준 고마우신 분으로 요즈음도 가끔식 연락드리며 어려운 일에 조언을 얻곤 한다.

그 외에도 내 주변에 있는 진솔한 사람들과의 교류는 어려울 때마다 큰 버팀목이 되어준다.

우리가 생을 살아가는데 사람과의 만남 못지않게 지친 우리들을 위로해 주는 것이 '자연과의 가슴 설레이는 교감(交感)이다.

늦은 서른에 처음으로 눈뜬 신록의 아름다움을 체감한 후, 나는 가까운 주변 풍경에서 자연과 말없는 대화를 나누는 것에 익숙해졌고 곧잘 벅찬 감동에 휩싸여 감사할 줄 아는 지혜를 배웠다.

특히, 이른 봄이면 무더기로 피어서 한층 아름다운 들꽃들, 초여름 누런 보리밭 이랑을 지날 때마다 보리가 익어 가는 열기와 햇살이 주는 풋풋함! 가을이 시작되면 해질녘에 펼쳐지는 연보라빛 노을이 주는 화려함에 이어 곧바로 어두움에 묻혀 버리는 회색하늘이 주는 극적인(?) 상실……. 무엇 하나 버릴 것 없는 자연이 주는 갖가지 침묵의 언어들이 지친 나의 영혼을 어루만져 준다.

행여 시간이 나면 몽근(?) 흙으로만 다듬어진 산길을 맨발로 걸어 보라! 발가락 사이사이로 비집고 스며드는 황토가 주는 부드러움과 간지러움의 감촉은 내 작은 온몸을 살포시 감싸 안아준다. 더구나 흙 내음이 주는 안정감은 얼마나 포근한지 모른다. 그래서 요즈음 흙침대나 흙집이 매스컴을 타고 상품화되는 걸까?

마지막으로 내가 권하고 싶은 만남은 책과 음악, 연극, 그림 등 갖가지 양상으로 표현되는 문화와 예술의 세계이다. 요즘처럼 다

양한 멀티코드로 얽혀 있는 복잡한 생활에서 좋은 책과 음악이 주는 기쁨은 흩어진 마음을 풍요롭게 모아준다. 내가 상실의 아픔에 눈을 뜰 수 없을 때마다 내 주변에 있는 책과 재클린 뒤프레의 감미로운 첼로음이 나를 일으켜 세워 주었다.

지금까지 서투르지만 사람·자연·예술과의 만남에 대하여 생각해 보았다. 그런데 사람·자연·예술과의 만남 뒤에 이별이 따르고 이별의 뒤안길에는 여러 유형의 만남이 남긴 새로운 흔적들이 결곱게 가슴 속 깊이 정제된 '그리움'이란 형태로 겹겹이 녹아든다. 겹겹이 쌓아진 긴 그리움은 살아남은 사람들만의 슬픈(?) 기쁨으로 내재하여 情이라는 이름으로 다가와 생의 원동력이 되어준다.

그 날, 용미리 추모의 집에는 어버이날이 가까워서인지 일백여 개가 넘는 이름과 사진 아래 갖가지 그리움의 표현들이 빼곡이 자리하고 있었다. 카네이션, 담배 한 개비, 유치원 아이가 그린 그림, 길고 짧은 편지, 다정한 가족 사진 등이 마주보며 서로를 위로하고 있었다.

마침, 우리가 머물렀던 46실에 다섯 살쯤 되어 보이는 사내아이와 그보다 어린 여자아이를 데리고 소주 한 병을 가지고 온 젊은 미망인이 먼저 떠난 남편과 대화하고 있었다. 여자가 나지막히 "오늘은 소주 한 병이야!"라고 말하자, 사내아이의 작은 손이 엄마가 건네 준 소주잔을 세 번 돌리고 나서 "아빠! 많이 드세요!"라고 말했다.

어린 여자아이가 그 모양을 보다가 "엄마, 아빠는 어딨지?"라고 묻자, 여자는 담담하게 "아빠는 별님이 되어 우릴 보고 계시단다." 하며 아이가 그린 아빠 모습을 망인(亡人)의 사진 위에 걸었다. "맞다. 그치?" 두 아이는 손뼉을 치며 환히 웃으며 좁은 창가로 뛰어 갔다.

창문 밖으로 보이는 오월의 푸른 하늘을 보며 나는 문득, 노천명 님의 '푸른 오월'이 생각났다.

'청자빛 하늘이
육모정 탑 위에 그린 듯이 곱고
연못 창포잎에
여인네 맵시 위에
감미로운 첫여름이 흐른다.'

멀리서 카네이션을 산 든든한 버팀목인 두 딸들이 바쁜 걸음으로 오고 있었다.

쌀밥 한 그릇

오늘 하루 종일 잃어버린 씨암탉을 찾느라 온 동네를 헤매는 날이었다. 음력으로 섣달그믐인 날 ! 아버지의 엄명을 거역할 수 없어 스무 집 가량의 이웃집 닭장을 기웃거릴 때마다 창피함을 넘어 비참함까지 느껴야 했던 재수 없는 날이었다. 나중에 안 일이지만 털이 붉고 윤기 나는 살찐 암탉은 이미 우리 오빠와 친구들 입 속으로 들어간 지 삼일이나 된 사실을 엄마가 숨겨 이웃까지 발칵 뒤집어 놓은 것이다.

아버지의 집요한 닭 찾기로 그믐밤은 아버지의 고함소리에 묻혔다.

"이런 멍청한 것들! 닭 한 마리도 지키지 못하다니!

미련 곰퉁이, 굼벵이, 염병할 등등 자주 엄마와 내게 퍼붓는 욕과 함께 화가 잔뜩 나서 어쩔 줄 몰라 수선대는 모습으로 그믐밤은 깊어 갔다. 평소에도 늘 시끄럽던 우리 집은 갈등요소가 계속될 수 밖에 없는 상황이었다.

성질이 급해 따뜻한 음식을 싫어하는 아버지의 왕국(?)에는 작은아버지의 죽음으로 4남매를 거느린 작은 어머니 식구들까지 우리 집에서 책임져야 했다.

내가 태어나기 전부터 집이 위아래 두 채가 있어 아래채를 작은 어머니 식구들이 살고 있었다. 작은 어머니는 포목, 생활용품 등을 파는 보따리 장사를 하셨는데 집에 있는 사촌들과 우리 형제들이 거의 비슷한 또래로 두 집 아이 아홉을 엄마가 맡아야 하는 상황으로 크고 작은 다툼으로 항상 큰 소리가 그칠 날이 없었다. 작은 어머니의 행상으로 집은 시끄럽고 복잡하여 아버지는 식구들을 엄하게 대하셨다.

밥을 먹다가 방바닥에 밥알을 흘리면 바로 주워 먹도록 하였고 김이 반찬으로 나오는 날이면 김 조각을 서너 장씩 아버지의 손으로 분배하여 밥을 먹을 때는 말없이 조용한 대가족의 식사풍경이었다.

아버지와 함께 한 시간이 고등학교 때까지 지내야 하는 동안 사촌들과의 생활은 절약과 겸손이었다. 수업준비물은 미리 사용물품을 금전출납부에 적어서 아버지의 세밀한 검수를 통해 빠듯이 받아 학교 매점에서 파는 팥빵이나 라면은 그림의 떡이었다. 친구들은 '젠사이' 라고 불리우는 단팥죽 집을 자기 집 드나들 듯 하였지만 우리들은 엄두도 못 낼 일이었다.

장이 서는 날 생선을 사오신 아버지는 먼저 아랫집에 들러 좋은 것만 남기고 나머지를 우리 집으로 가져와 엄마가 마당에 패대기를 치며 싸움은 시작되곤 했다. 아버지의 똑같이 나누라는 당부에도 항상 나머지 차지는 모든 일에 답답하게 대처하는 엄마의 몫이었다.

언니, 오빠들이 서울로 공부하러 가고 나는 막내라서 엄마와 큰 집을 지켜야 하였다. 아버지의 생활신조는 '뱁새가 황새 따르면 가랑이가 찢어진다.'라는 속담으로 우리들의 요구는 대부분 묵살되고 용돈은 엄두도 못냈다. 따라서 아버지와의 소통이 거의 없었던 나의 유년시절의 생활은 엄하고 무섭기만한 아버지 아래서 지나치게 검소하게 자랐다.

한편 생활고에 시달리던 아버지는 채소나 과일을 트럭으로 판매하는 일을 시작하셔서 집에 들어오시는 날이 드물었다. 아버지의 재떨이가 담배꽁초로 수북한 날이면 남의 집 손님처럼 하룻밤을 지낸 날이다. 한 겨울 커다란 방 한 칸에서 모두 잠을 자야 하는 우리들은 이른 새벽 거의 담배 한 갑을 태우는 아버지로 목이 아플 때가 많았다.

그런데도 엄마는 아버지를 포기하지 못하고 전전긍긍 댔다. 이유는 아이들의 아버지이기에 제자리로 모셔야한다는 것이다.

이른 새벽 5시쯤 아버지의 기침소리가 나면 우리들의 일과는 시작 되었다. 우리보다 더 빨리 일어나 아침을 준비하는 엄마는 아버지의 식사준비를 거르는 적이 없다. 읍내에서 주무시는 날에도 밥은 꼭 집에서 해결하는 것이 싫어 우리가 투정을 부려도 엄마의 남편에 대한 의무는 포기하지 않았다. 뿐만 아니라 빨래까지도 엄마의 몫이었다.

못생긴 사람이 자기를 무시한다고 흉을 보면서도 아버지에 대한 일은 늘 엄마 몫이었다. 또, 아버지에 대한 흉을 우리가 맞장구를 치면 오히려 화를 내시곤 하였다.

우리 집에는 안방 아랫목에 쌀밥 한 그릇이 담요에 덮혀 있다. 더러 밥이 쉬면 엄마는 누룩 물을 넣어 밥을 삭혀 단술 밥을 만들어 아버지의 간식거리가 되곤 하였다. 술을 못하시는 아버지의 입맛에 약간의 알콜기가 있는 단술 밥은 좋은 간식거리이자 천연 소화제였다.

우리는 아버지의 쌀밥을 먹는 일이 없었다. 아무리 배가 고파도 놋그릇에 담긴 아버지의 고슬고슬한 밥은 우리가 먹으면 안 되는 것이었다. 아버지의 출타로 밥이 남아도 먹을 수 없었고 오래되어 약간 맛이 이상하면 단술밥으로 드셨던 아버지의 쌀밥 한 그릇! 식구들 중 유일하게 아랫목을 차지한 '쌀밥 한 그릇'에는 엄마의 자존감을 채워주는 영역으로 아버지에게 인정받는 유일한 징표였음을 뒤늦게 깨달은 것은 내가 결혼하고 나서이다.

엄마의 자리가 늘상 불안했던 그 시절, 전기밥솥도 없는 때, 쌀밥 한 그릇의 힘으로 오남매를 지키며 남편의 외도를 받아들여야 하셨던 엄마의 헛헛한 가슴을 덥혀 주던 놋그릇에 담긴 흰 쌀밥 한 그릇은 엄마의 에너지원임을 알았을 때 이미 엄마는 우리 곁을 떠나신 뒤였다.

그리고 조기머리가 맛있다고 김치 잎에 싸서 꼭꼭 씹어 드시는 아버지의 속내를 알게 된 우리 형제들은 구두쇠라 생각하였던 아버지의 말씀을 요즈음에도 자식들에게 교육소재로 쓴다고 하였다.

무뚝뚝한 아버지의 몸에 배인 절약은 불만도 많았지만 결과적으로 형제들에게 좋은 습관으로 자리 잡혔다. 어른이 된 후, 한 식당에서 놋그릇에 담긴 하얀 쌀밥을 마주할 때마다 부모님 얼굴이 생각나, 나도 모르게 밥그릇을 두 손으로 감싸 안는 버릇이 생겼다.

항아리 등불

어제부터 내 마음이 환히 들여다보이는 거울놀이에 들어갔다. 몇 달 남지 않은 학교생활을 40여년 전으로 거슬러 올라가 옹이진 부분을 들여다보기로 작정하였다.

내가 아주 어릴 적 우리 작은 집에 도둑이 들어 쌀을 잃어버린 일이 있었다. 학교에서 돌아온 나를 어머니께서 작은 집으로 데리고 가서 마음을 차분히 하게 한 후 이상한 일을 시켰다.

작은 집 방안에는 70센티미터의 높이, 지름이 50센티미터쯤 되는 옹기항아리 안에 1센티미터 높이의 참기름이 찰랑대고 있는 곳 가운데 심지를 만들어 불을 붙여 기름이 거울처럼 빛났다. 그것은 마치 큰 항아리 등불 같았다.

집성촌인 우리 마을에 큰집인 우리 집을 중심으로 대소가가 모여 살던 터라 어른들이 좁은 방에 가득 모여 있었다. 방안은 침 넘어 갈 소리가 들릴 정도로 조용한데 나에게 항아리 안을 들여다보고 무엇이 보이는지 살펴보라는 이상한 주문이었다. 어찌 보면 웃기는 일인데도 숙연한 마음마저 드는 분위기에 휩쓸려 나는 심호흡을 한 후 항아리 안을 들여다보았다.

신기하게도 항아리 안은 강물이 흐르는 곳에 징검돌다리가 놓여 있었고 강물을 건너고 있는 사람이 보였다.

어른들은 때 묻지 않은 마음으로 사태를 예견하여 보라는 뜻으로 초등 1학년생인 나에게 그런 일을 주문한 것이다. 지금 되짚어 보면 항아리가 움직일 때마다 출렁대는 기름이 강물처럼 보였고 불빛에 비추인 그림자에 내 얼굴이 출렁대어 다른 얼굴로 보이지 않았을까하는 생각이 든다. 어쨋든 나는 꼬마 점쟁이가 된 셈이다.

그 사건으로 인하여 나는 꼬맹이였지만 또래 아이들보다 특별한 대우를 받았던 것 같다. 마을에 동갑내기 아이들이 열 명 넘게 있는데도 같이 놀지 않고 세 살 위인 오빠 친구들과 어울렸다. 때로 친구들이 싸워 시시비비를 가릴 일이 생기면 친구들은 나를 불러 도움을 청하는 일이 중학교 때까지도 계속 되었다. 또래들보다 생각을 많이 해야 하는 부담이 있었지만 사소한 일도 문제로 삼고 그 일을 중재하여 화해시키고 나면 뿌듯한 마음이 들기도 하였다.

돌이켜 보면 도둑잡기는 불발로 끝이 난 사건이었지만 그냥 웃어넘기기에는 서운한 일이다. 요즈음 아이들에게 항아리등불을 보게 하면 어떤 반응을 할까라는 생각을 헤 보았다. 아마 처음부터 거부하거나 장난으로 재미삼아 하였을지도 모르겠다.

얼마 전 비둘기 한 마리가 벽에 부딪혀 죽었다. 청소를 하다 뒤늦게 발견한 아이들은 비둘기를 화단귀퉁이에 정성껏 묻어 주었다. 그 일을 들으며 아이들의 순수는 사회의 급격한 변화와 발달에도 이어지고 있음을 느꼈다.

학교울타리에서 40여 년을 지내오는 동안 때로 아이들이 '툭' 던져내는 마알간 바탕을 언뜻언뜻 날릴 때, 나는 교사라는 직업을 선택한 것을 다행이라 여기고 무척 행복하였다.

오동추야 송센!

볼을 스치는 가을바람 끝이 서늘하여지면 떠오르는 얼굴 하나가 있다. 집성촌으로 일백 삼십호가 넘는 꽤 규모가 있는 마을에는 박씨 성을 가진 사람 외에 몇몇 성씨의 사람들이 드물게 살고 있었다.

그 중 마을 허드렛일을 도맡아 처리하는 '마을일꾼'으로 송센-씨가 있었는데 큰 키에 깡마른 탓에 유난히 주름이 많고 이빨마저 앞니 몇 개밖에 없어 웃을 때면 하회탈이 연상되는 입이 큰 사람이었다. 입고 있는 옷도 철지난 여름삼베 잠뱅이로 불룩 나온 똥배로 웃섶이 늘 말려 올라가 튀어나온 배꼽을 내놓고 다니는 모습이 사람들에게 웃음을 자아냈다. 또 동네 아이들이 큰 배꼽을 건드려도 송센은 화를 내지 않고 빙그레 웃는, 얼핏 보면 바보 같다는 생각이 들 정도이다.

그에게는 양성종양으로 온몸이 혹 투성이인 작고 아담한 아내와 각기 병으로 한 쪽 다리를 잘라 외다리로 걷는 머리 큰 아들 아래로 일곱 명의 아이들이 방 두 칸의 초가집에서 비비대며 살고 있었다. 다행히 동생들은 신기하게 송씨를 닮아 이목구비 또렷한 모습이었다. 현실적으로 몹시 비위생적이고 불편한 집이었지만 그 집에서는 항상 웃음이 넘쳤고 장날이면 흥겨운 잔치 집 분위기였다.

찬바람 부는 가을이면 오일마다 읍내 장에 나가 돌아오는 길에 "오동추야,송센! 달이 밝아 송센!"곡조 없이 흥에 겨워 부르는 노래로 동네가 들썩였다. 취임새가 송센~인 랩으로 동네사람들도 덩달아 즐거워하곤 하였다.

보름 가까운 가을 어느 장날! 마실에 다녀오는 도중, 장에서 산 은갈치 한 꾸러미를 들고 막걸리에 취한 발그레한 얼굴에 갈짓자 걸음으로 당당하게 밤 공기를 마음대로 가르는 그의 모습에는 세상 평화가 모두 그의 것이었다. 세상에서 가장 행복해 보이는 한 사내의 흥에 취하여 달님도 활짝 웃으며 그를 따라갔다.

때로 우직한 얼굴에 웃음을 가득 싣고 흥에 겨워 검정 고무신 한 짝으로 볼록 배를 두드리며 부르는 오동추야 송센은 가장 행복한 얼굴로 오동추야의 노래와 더불어 울적할 때마다 떠올리는 멋진 모습으로 기억 밑바닥에 자리하고 있다.

달밝은 가을밤이면 온 동네가 들썩이는 '오동추야 송센~'의 흥겨운 노랫소리에 베적삼차림에 빠진 이도 자랑스러운 한 남자의 노래 가락으로 어깨를 들썩거리던 날들을 되살리며 이미 가신 송씨의 웃음이 맴돌다 허공으로 흩어진다.

"오동추야, 송센
달이 밝아 송센
오동동이야~~"

천성이 고왔던 아버지 덕에 그 집 자식들이 모두 잘 살고 있다는 후문이 아저씨를 더욱 그립게 한다.

* ~센 : 생원의 줄임말로 결혼한 남자어른을 지칭함.

배꽃 품은 보름달

해마다 사월 중순이 되면 나는 한택이 아재네로 밤 마실을 간다. 지금은 집을 떠나 아재네에 갈 수 없지만 봄이 새 생명잔치로 들썩거릴 때 보았던 배꽃 모습을 지울 수가 없다.

중 1때부터 시작된 나만의 밤 꽃이야기는 그 후로도 6년간 계속되었다. 보름달이 뜬 사월의 봄밤이면 집 오른쪽 앞마당에 오십년도 넘어 줄기가 까매진 늙은 배나무를 보기 위하여 아재네 대문 앞을 서성거린다.

다행히 같은 골목에 위치한 우리 집은 아재네 양철초록대문까지 잰걸음으로 50~100보면 닿을 거리라 동쪽하늘에 보름달이 남쪽하늘에 둥실거릴 때까지 숨죽이며 잊혀지지 않는 '달과 꽃의 유희'를 볼 수 있다.

배나무는 아주 크고 오래된 고목으로 북쪽으로 난 가지가 잘려나가고 남쪽으로 그네 줄을 달 만큼 비스듬히 줄기가 뻗어 꽤나 운치 있는 자태를 뽐내고 있다. 평범한 배나무가 한 밤중 연극 연습을 하고 집으로 돌아올 때 보았던 모습이 각인되어, 고향을 생각할 때마다 떠오르는 추억나무가 되었다.

지금 이 글을 쓰면서도 그때 느꼈던 경이로움에 가슴이 떨려옴을 느낀다.

비록 지금은 고목이 되어 키 작고 볼품없이 쪼그라든 나무이지만 내 기억저편에 살고 있는 나무는 화려하고 아름답게 빛이 나는 한 그루 성령나무로 자리한다.

내가 고1때, 학교행사로 연극에 푹 빠져 읍내 극장에서 공연할 연극 연습을 하고 돌아오던 늦은 밤, 둥근 보름달이 눈이 시리도록 짙푸른 하늘을 유유히 유영하여 '화장실 빨간 손 이야기'도 푸르게 떨고 있는 달 때문에 무섭지 않아 가벼운 발걸음으로 돌아오는 길에 한순간 숨조차 쉴 수 없을 만큼 멋진 광경이 벌어졌다.

한택이 아재네 있는 배나무에 눈을 준 순간이었다. 마침 가지 끝마다 탐스러운 배꽃망울을 달고 있는 배나무에 은빛 달이 가루가루 부수어지며 조심스럽게 꽃망울을 뿌려대자 꽃들이 하나 둘 달빛가루를 흠뻑 취하여 활짝 여는 모습이 TV에서나 볼 수 있는 슬로우 모션으로 내게 다가왔다.

그 순간, 온 몸으로 정성껏 달빛을 취하는 배꽃이 '이화에 월백하고~'를 뛰어넘어 찬란한 빛을 토하여 주는 모습을 보자 발끝에서 머리까지 뜨거운 것이 치밀었다. 내 눈에 비친 달은 부지런히 은빛가루로 배꽃을 간지럽혀 하얗게 빛나는 꽃으로 투명하게 빛을 품어내고 있었다.

말없이 배꽃 피는 모습을 보고 왜 그리도 심장이 멎을 만큼 벅찼을까? 그 날 밤, 나는 달과 꽃이 열정을 다하여 한 몸을 이루는 모습에 취하여 밤이 이슥하도록 배나무에서 눈을 뗄 수 없었다.

세상에서 가장 빛나는 배나무를 본 이후, 내 눈은 이전에 볼 수 없었던 것들을 보게 되었다. 봄나물 캐러 뒷동산에 올라 본 온 산을 붉게 물들인 참꽃밭, 이른 봄 목련꽃 봉오리 터지는 소리, 늘어진 가지에서 삐죽이 꽃잎 내미는 개나리, 그리고 들길에 다닥다닥 붙은 코딱지풀꽃의 귀여운 모습과 이름을 알 수 없는 봄 들꽃들의 군락위 아지랑이 등. 그러나 무엇보다 농익은 밤에 벌어진 달빛과 배꽃의 유희를 잊을 수 없다.

몇 해전 3D입체 영상으로 제작된 '아바타'란 영화를 감상하였다. 화면에서 지구를 구할 생명나무의 꽃이 내손에 잡힐 듯하여 무의식적으로 손을 내미는 순간에 나는 오래 전 내 가슴에 묻어둔 달빛 품은 배꽃을 손바닥에 조심스레 놓고 있었다.

달과 배꽃의 황홀한 만남에서 여리고 작은 꽃잎들이 커다란 보름달을 잘게 부수어 들어 마시는 모습이 숨을 멎게 할 만큼 아름다운 모습으로 각인되어 배꽃 피는 봄이면 늘 가슴이 설렌다. 달과 꽃의 만남, 그들은 서로 만남으로 하나의 살아있는 우주의 신비를 생생하게 연출하였다.

달빛과 꽃잎의 완벽한 합일! 그 속에 온 우주를 담고 있는 생명의 에너지가 퍼져 나올 때, 한택이 아재의 초라한 집도 빛나는 작은 성이 되었다.

배나무 과수원이 사방에 있는 이곳 천안에서 벅찬 감동으로 나를 전율케 한 배꽃 이야기를 미래를 꿈꾸는 아이들에게 잔잔히 들려주고 싶다. 아니, 우리 예쁜 ㅇㅇ친구들이 이 아름다운 솔뫼동산에서 자연이 주는 아름다움에 빨리 눈을 떠 작은 생명이라도 소중히 여기는 감성 고운 마음을 생활 속에서 찾아 자연과 더불어 삶의 질을 가꾸어 나가는 경험을 실천하여 작은 기쁨에서 행복을 만들어 가는 사람으로 자라기를 소망한다.

내년에는 시간을 내어 한택이 아재네 배나무가 잘 있는지 내려가 봐야겠다.

성경이가 뿌린 웃음

어제 저녁 난 오랜만에 유난히 파아란 가을 하늘을 닮은 눈을 가진 성경이의 밝은 모습에 너무 기뻐 저녁 내내 들뜬 기분으로 성경이네 가족과 6년 만에 뿌듯함으로 즐거운 시간을 보냈다.

성경이는 내가 6년 전 1학년 아이들을 맞던 날, 입학식을 하던 운동장에서 너무 힘들어 오줌을 싼 채 내 품에 뛰어 들었던 행동과 사고, 언행이 많이 부족한 아이였다. 아이들을 새로 맡을 때마다 으레 한두 명 정도 학습 장애아는 있었지만 성경이만큼 어려운 장애아는 없었다.

나중에 알게 된 일이지만 통합교육을 간절히 원하던 성경이 부모님의 바람으로 나에게 오게 된 성경이와 나의 첫 만남은 작은 실례(?)조차 의식하지 못한 상태로 시작됐다. 하지만 날 빤히 쳐다보는 성경이의 사시기가 남아 있는 눈이 유난히 맑았다.

"성경아! 네 눈은 정말 맑은 호수 같구나."

칭찬해 주었다. 성경이와 학급 아이들과의 생활은 예상보다 어려웠다. 사시기가 있는 눈, 언청이 수술로 아직 회복되지 않는 입으로 인하여 부정확한 의사표현, 손가락이 여섯이어서 하나를 제

거하여 집필이나 젓가락을 잡는 것이 어눌하였고, 청력도 약하였고, 전체적으로 균형 잡히지 않은 몸으로 고소공포증까지 가지고 있어 3층에 있는 교실 출입을 할 때마다 누군가의 도움을 필요로 하였다.

더욱 어려운 건 감정 조절이 안 돼 수업 도중 소리를 꽥꽥 지르거나 큰 소리로 웃어대어 수업의 맥을 끊어 놓을 때가 잦아 난감할 때가 많았다. 또 내가 야단이라도 치면 바로 앉은 자리에서 큰 것(?)까지 실례해 버리는 통에 반 아이들과 어울리기가 힘들었다.

그렇지만 우리들의 보살핌이 간절한 성경이를 난 입학 후,이틀째부터 1층 현관으로 내려가 서둘러 아일 데리고 오신 성경이 어머니와 함께 아이를 3층으로 데리고 왔다.

우선 잦은 실례에 대비하여 여벌 옷을 항상 준비하였고, 그 아이의 능력에 맞는 학습내용을 재구성하여 수준별 교육을 아주 천천히 시도하여야 하였다. 학습보다 시급한 일은 성경이의 적응과 반 아이들과의 관계개선에 중점을 두고 지도에 임하였다.

어쩌면 성경이가 학급의 인성 및 생활지도의 자연스런 구심점이 될 수도 있다는 작은 소망을 가지고 우선 성경이를 전적으로 도와 줄 도우미 친구를 선정하였다. 우선 성경이를 내게 제일 손쉽게 닿을 수 있는 자리에 앉히려고 보니 반에서 야무진 태희와 짝 지워주고 아이들을 설득하여 냄새나는 성경이와 어울리도록 노력하였다.

다행히 태희는 훌륭히 성경일 잘 돌보았고 처음에 이상하게만 바라보던 아이들도 성경이의 아픔을 받아들여 차츰 성경이는 우리 반의 '소중한 보물'이 되어 반 전체 아이들이 모두 성경이를 보살펴 주었다.

입학 후, 두 달이 지나자 다행히 성경이의 고소공포는 사라지고 스스로 3층 계단을 오르내렸다. 그 사이 성경이는 우리 반 뿐만 아니라 같은 층에 있는 다른 반 아이들의 보살핌과 관심 속에 학교생활에 점점 잘 적응하여 갔다.

한 학기 동안 몰라보게 변화된 성경이를 보고 1학기 종업식 날 성경이 엄마는 내 앞에서 감격의 눈물을 펑펑 쏟아 나 또한 눈시울을 붉혀야만 하였다. 날마다 가슴조이며 바라보았을 성경이 부모님의 바람과 사랑, 그리고 무엇보다 아픈 친구를 이해하고 도와준 내 예쁜 아이들의 사랑으로 성경이는 항상 즐겁게 생활하였다.

특히 11월에 열린 학습발표회 때 성경이의 어눌하지만 깜찍한 첫인사로 박수갈채를 받았던 일이 기억에 남는다.

이듬해, 나는 다른 학교로 전출되어 성경이를 다음 담임께 부탁드렸다. 아직은 어눌하고 모든 게 어려운 성경이를 떼어 놓는다는 일이 가슴 아팠다.

하지만 성경이의 호수같이 맑은 눈과 환한 미소가 그 애가 곤경에 처할 때마다 힘이 되리라는 믿음 아래 우리 반 모두를 사랑으로 묶어준 성경이가 잘 적응하기만 바랬다.

그런데, 지난 시월 초 다른 선생님을 통하여 성경이 부모님으로

부터 만나자는 연락이 왔다. 성경이의 변화된 모습을 전화로 대강 들은 나는 바쁜 학교일이 끝나자마자 서로 함께 할 약속을 했다. 6년 만에 만나게 될 성경이의 변화된 모습이 무척 궁금했다.

그 날 저녁, 나는 내 앞에 나타난 성경이를 보고 평소에도 성경이 부모님에 대한 한없는 사랑과 집념에 박수를 보내지 않을 수 없었다. 성경이 부모가 그 아이에게 쏟은 정성이 기적을 낳고, 이 세상에서 제일 행복한 웃음을 뿌리는 성경이를 보며 나는 저절로 감사의 마음을 모두에게 전하고 싶었다.

제법 소녀티를 한 모습으로 성경이는 완벽한 언어 구사는 물론 쓰기도 가능하게 자랐고, 자랑스레 피아노 앞에서 소나타를 흥겹게 연주하는 정상아와 다름없이 자라 자기의견을 정확히 표현하고 예의바르게 남을 배려하는 올곧은 아이로 나를 놀라게 하였다. 나와 함께 연탄곡을 힘 있게 연주하는 그 아이를 보며 나는 성경이 부모님이 그동안 얼마나 많은 사랑과 기다림으로 그 앨 이끌어 갔을까 하는 일들에 저절로 고개가 숙여졌다.

한편으로 올 곧게 자란 성경이가 너무 기특하여 나는 몇 번이고 힘껏 안아 주었다. 소중한 보물을 보듯 아이를 바라보는 부부의 눈시울이 붉어 오는 걸 보며 나또한 기쁨의 눈물을 흘렸다. 돌아보면 내가 그 애에게 준 건 기다림과 작은사랑뿐이고 오히려 성경이로 인하여 개구장이 아이들이 장애우에 대한 이해와 배려로 '베품과 나눔의 참 맛'을 배우게 한 것 같다.

그 날 밤, 성경이네를 배웅하는 하늘에 만월이 우리 모두에게 찬란한 달빛 가루를 흩뿌려 주었다. 마치, 성경이를 향한 부모님의 넘치는 사랑처럼 달빛은 계속 그 환한 빛을 아낌없이 주었다.

난 참으로 오래도록 모교 교문 앞 바위에 새겨져 있던 "스승됨을 자부하라."는 글귀를 속으로 되짚어 보았다. 교복 입은 여학생의 모습으로 내 앞에 다시 오겠다는 약속을 한 채 떠난 성경이네 가족들 머리 위로 찬란한 보름달은 계속 따라가고 있었다.

내가 바라본 보령 바다

이번 연수는 바다를 본 것만으로도 나를 되돌아 볼 수 있어서 괜찮았다. 이른 아침에 나는 파도가 그려내는 하이얀 포말을 보며, 갯내음 실린 적당히 찬 해풍에 상큼하게 기분을 전환 할 수 있었다.

'바다!'

흰 파도가 어우러져 철썩대는 바다를 응시하고 있으면 오이디푸스의 피맺힌 절규가 연상되곤 한다. 푸근한 의자가 있는 객석에서 무대위에서 열연하는 배우들을 보며 신과 인간 사이에 존재하였던 근원적인 고뇌를 다시 생각하고 사람이 그립다는 걸 처절하게 체감하며 마치 내가 이오카스테인 것 같은 착각 속에서 잠시 동안이나마 바다에 온통 빠져들었다.

신과 인간 사이의 가치관의 혼란으로 두 눈을 뽑기까지의 과정에서 오이디푸스는 얼마나 힘이 들었을까? 어미를 여자로 취한 죄에서 벗어나기 위해 몸부림치는 그를 보다 못해 자살한 이오카스테의 심정 또한 얼마나 처절했을까?

"바다, 당신은 나의 바다라고 말해 줘"

소리치는 오이디푸스에게

"그래요. 나는 당신의 바다예요."

통곡하며 끌어안는 장면이 파도치는 바다 위에 펼쳐졌다.

바다는 우주 그 자체이다. 왜냐하면 세상의 모든 것을 휩쓸어버리기도 하고 부드럽게 수용하기 때문이다. 여기에서 나는 '바다'라는 외침 하나가 희곡 전체를 살리지 않았을까 하는 생각을 해보았다. 또한 바다는 갖가지 일들을 품고 있지만 좀처럼 속내를 보여주지 않으면서 말없이 지켜주기만 한다.

때로 삶에 지쳐 있을 때, 바닷가를 거닐면 드넓은 바다는 하이얀 이를 드러내며 마냥 웃어주는 맘 좋은 아저씨가 되어 복잡한 속내를 모두 받아들여 얼러주고 씻겨내어 새롭게 힘을 얻게 해 준다. 그래서 성난 파도가 휘몰아치고 차가운 해풍이 볼을 얼려도 성냄도 드러냄도 모두 얼러대어 잔잔한 파도로 우릴 반긴다. 때로 포세이돈의 광란으로 주체하기 어려운 힘을 과시하지만 대부분 한없는 포근함으로 바다를 잠재운다.

겨울은 바다를 바람에 실어 추위를 녹이며 적당히 찬 해풍을 골고루 흩어지게 한다. 겨울바다는 훈훈한 해풍을 풀어 놓는다. 우리들의 시린 가슴을 다독여 주는 겨울바다.

"바다야, 친구야!"

미망(未忘)

연초에 달력에 써 놓았던 9월 1일 아래 '설레임'이란 낱말이 종일 내 머릿속에서 맴을 돌았다. 그냥 일상의 잡다한 일 속으로 흘려 버리려고 무지 애썼는데, 결국 뜻대로 되지 않고 난 또다시 홀로 있는 빈 공간에서 꺼이꺼이 소리내어 울었다.

오늘은 그를 만난 지 30여년이 된 날이다. 하지만 정작 내 곁에서 덩치에 어울리지 않게 애교를 떨며 "내년에는 더 크고 예쁜 장미를 준비할게!"라고 얘기해 줄 사람이 없다.

그와 만나 서른 두해를 분주하게 살아냈던 세월을 가만히 들여다보면 우린 둘 다 뜨겁게 가슴시리도록 사랑하는 방법을 몰랐다. 보다 나은 집과 소파, 그리고 우리에게 주어진 일들에 매달려 가슴시린 사랑을 사치라 여기고 감정의 굵은 선들을 가슴 한 켠에 또아리를 틀어 쌓아 놓고 오로지 일상에만 매달렸다. 마치 일이 없으면 죽을 것만 같은 집착으로 지아비와 아내로써의 의무에 충실했다.

유난히 누구에게나 배려하는 마음이 큰 그가 이 세상을 마감하는 순간까지도 내가 그에게 아무것도 해 줄 수 없게 하고 내 곁을 연기처럼 스쳐갔다. 너무 억울해서 용미리에서 나는 짐승처럼 절규했다.

"억울해, 너무 야속해"

'난 그에게 무엇이었을까?'

지금도 용미리에 가서 그 앞에 서면 되묻곤 한다. 내가 나중에 그와 만나면 맨 먼저 물어 봐야겠다.

'난 당신에게 무엇이었나요?'

오늘 첫 새벽 두시 반, 잠에서 깬 나는 아주 오래된 시집을 꺼내 '김소월'님의 '초혼'을 심호흡으로 가다듬은 후, 소리 내어 읽었다.

산산히 부서진 이름이여!
허공중에 헤어진 이름이여!
불러도 주인없는 이름이여!
부르다가 내가 죽을 이름이여!

심중에 남아 있는 말 한마디는
끝끝내 마저하지 못하였구나.
사랑하는 그 사람이여!
사랑하는 그 사람이여!

그랬다. 떨리는 가슴으로 그에게 '정말 사랑한다'라고 고백했어야만 했다. 무의식 속에서 "○○엄마"라는 말로 마감하던 끝자리에서라도 고백하였더라면 지금처럼 아프지는 않을텐데.

하늘엔 내 마음에 뻥 뚫린 그리움만큼이나 커다란 보름달이 노랗게 질려 파르르 떨고 있다.

보이지 않는 상속

장마가 시작 되었다. 비는 오지 않고 잔뜩 흐린 날씨로 몸이 찌뿌듯하여 짜증이 나 기분이 엉망이다. 잊을 만하면 쑤셔 오는 통증은 내가 살고 있다는 강한 자극이라고 생각하기엔 너무 심하다는 느낌으로 병약한 내 처지가 가엽다는 생각이 들 때도 있다.

때로 나약함을 주신 신은 나에게 무엇을 예비하셨을까라는 의문과 함께 보낸 날들에 대한 것들을 되짚어 보았다. 돌아보면 긴장의 연속으로 버거운 날들이 나를 어렵게 하였다 겉으로 보기에 '독한 여자'란 말을 들을 정도로 내게서 빠져 나간 에너지와 준비 안 된 인연과의 단절로 큰 상실감에 대하여 여러 겹으로 포장하여 놓고 오로지 주어진 현실에 매달려 슬기롭게 대처하기 위해 온 힘을 다 한 것 같다.

영이의 과제를 합동으로(?) 해결하는 과정에서 나는 새로운 과제를 부여받았다. 그냥 덮어 두고만 싶었던 일을 언젠가는 표면화해야 하고 고통을 수반해야 할 어려운 일이다.

은희경의 '상속'을 속독하고 새벽 세 시까지 정성껏 과제와 씨름하고 있는 내 딸의 진지한 얼굴 속에 또 다른 나의 얼굴을 보며 내가 아니, 우리 부부가 그들에게 준 '보이지 않는 상속'은 무엇이며 앞으로 어떤 것을 주어야 할까 고민에 빠져들게 하였다.

누구나 그냥 잊고 있지만 예고 없이 찾아 올 '죽음'은 많은 것을 구분 짓는다. 그 중 상속은 시공간을 구분지어 한 사람에게 전달되어 유전인자로 이어져 간다. 버릇, 특이한 행동, 겉모습 등이 대대로 이어지는 상속은 눈에 보이는 것 보다 '보이지 않는 상속'이 많은 결정 요소를 내포하여 그들의 가치관과 삶에 영향을 미치게 한다.

언젠가는 함께 하지 못 할 이별을 준비해야 할 때, 아이들은 우리의 '보이지 않는 상속' 유언을 이야기 해야겠다.

사: 〈어떤 일 또는 사람 사이에는 관계 즉 감정이 존재한다. 감정은 여러 갈래일 수가 있지만 소유되고 사랑은 생겨난다. 감정은 사람 안에 깃들지만 사람은 사랑 안에서 살아간다. 사랑은 '나'에 집착하여 '너'를 대상으로서 소유하는 것이 아니다. 사랑은 '나'와' 너' 사이에 존재한다. 그러므로 사랑이란 '너'에 대한 '나'의 책임이다.〉

남을 사랑하려면 나부터 사랑하는 법을 터득하여야 한다. 무엇보다 중요한 건 너희 자신을 먼저 사랑하는 일이 선행되어야 남도 사랑하는 지혜를 갖게 된다. 사랑을 가급적 줄 줄 아는 사람의 가슴은 늘 훈훈하여 더 많은 사랑이 너희 주변으로 찾아오는 부메랑 효과가 크다는 걸 내가 사는 동안 참 많이 느꼈다.

내가 너희 아빨 보내고 가장 서러웠던 일이 아빠가 좀 더 자신을 사랑했더라면 남은 사람들에게 이렇게 큰 아픔을 주지 않았을 거라는 생각을 해 본다. 세월이 흐르는 강물에 아빠를 마주할 수 없다는 사실은 아주 큰 급류로 날 매섭게 훑어가곤 하였다. 특히 내가 고개를 가누지 못할 정도로 버거울 때 그의 부재는 날 아주 작아지게 했다.

사랑은 숨길 수가 없다. 나, 너, 그리고 우리들이 사랑 안에서 진솔하게 산다면 세상은 기쁨으로 가득하겠지?

랑: 낭만이 있는 즐기는 삶으로, 심미안이 있는 예술적 감성으로 쉬어가는 여유를 즐기기 바란다. 우리에게 주어진 생은 결코 만만하지 않다. 도도히 흐르는 강물은 겉으론 평화롭지만 자세히 들여다보면 갖가지 암초와 독이 숨어 있어 단 한번으로 좌절에 헤메게하는 일이 자주 일어난다.

너희가 위기를 맞았을 때 위로가 되는 놀이가 필요하다. 지친 심신을 회복하기 위하여 건전한 놀이문화는 삶을 윤택하게 하여줄 것이다. 너희가 작은 일에도 최선을 다하는 여성특유의 섬세함, 유연함, 그리고 독창성으로 문제를 해결해 나아가는 추진력과 기획력을 갖고 해결해 나아갔음 좋겠다.

하나님은 누구에게나 귀한 달란트를 주셨다. 모쪼록 너희가 갖고 있는 달란트를 활용하여 세상을 이끌어 갈 걸로 믿는다.

해: 해처럼 밝은 지혜를 얻을 수 있는 가장 귀한 책은 역시 성

경이다. 성경 속에는 불변의 진리가 곳곳에 비유로 나타나 있다. 특히 고린도 전서 13장에 모든 답이 숨어 있다. 막스뮐러의 독일인의 사랑에 '어린이가 타인을 알고 나면 이미 어린이가 아니다.' 란 구절이 있다. 사람은 자기가 홀로 있음을 피부로 느낄 때, 비로소 자기의 정체성에 대해 고민하게 된다.

내가 함께 더불어 살아야 할 세상과의 만남들에 대해 준비하고 인연이라는 이름으로 자기에게 주어진 생을 가꾸어 가며 자신이 정한 행과 불행의 척도로 고민하기도 한다.

성경 속에는 너무 인간적인 믿음·소망·사랑의 원동력이 지구를 돌리고 있으니까 난제 해결의 길잡이가 될 거다. 모든 만남에는 자기의 유익을 추구하기 위한 의도된 만남이 참 많이 있다는 걸 알아라. 세상은 정말 아름답다. 그런 만남들도 슬기롭게 끌어 갈 줄 아는 너희가 되었으면 싶다. 진실은 대부분 통하는 법이니까.

사람과의 만남도 중요하지만 자연과 책과의 만남 또한 평생을 같이 할 친구로 생각하였으면 좋겠다. 엄마는 지치고 힘들 때, 자연의 섭리에서 많은 위로를 받았다. 해서 자연이 주는 포근함을 너희에게 배우게 하지 못하여 너무 안타깝다.

어릴 적 너흴 시골에서 맘껏 방목하지 못한 것이 못내 아쉬움으로 남는다. 틈나는 대로 대신 어미가 바라본 자연의 위로를 너희에게 알릴까 한다.

여유가 있다면 맘껏 너희 속내를 들여다보고 다독여 주는 친한 친구가 서너 명 있었으면 한다. 문드러진 속내를 다 풀어 헤치고 두 다리 쭉 뻗고 눈물콧물이 뒤범벅이 되게 울어도 등 도닥여 주는 이, 모진 비바람 속에서도 그런 친구가 있음 가슴이 덜 시릴 거다.

연이의 대범하고 무심함이 좋은 방향으로 나아가 아픈 이웃들에게 따스한 등불이 되리라는 걸 난 한 번도 잊은 적이 없다. 그리고 언니로서의 본분을 갖고 동생을 아우르는 것도 잘 해내리라 믿는다.

'남자의 탄생'을 읽었으리라 믿는다. 그 소설이 시사하는 것은 어쩌면 우리 모두의 일일지도 모른다. 인간은 저마다 우렁껍질 마냥 자기의 동굴 우상에 곧잘 빠져든다. 때로 편파적인 동굴에 갇혀 허우적거리지 말아라.

영이의 타고난 밝은 미소와 누구에게나 호감을 주는 인상은 널 살맛나는 세상으로 인도하여 가는데 많은 도움이 될 거다. 하지만 조금은 오래 견디는 인내력과 지구력을 길러야겠고 작은 일에도 마음 닫는 버릇은 버리도록 해라. 네 주변에는 늘 사람들이 북적대어 사람을 가려 사귀는 안목도 길러야 할 거다. 물론 너의 멋진 인생에서 언니도 함께하리라는 걸 난 믿는다. 생활력이 부족한 언니의 매니저가 되어 주는 것도 언니와 너에게 좋은 일이 될 거다.

두서없이 적어 본 이야기들을 엄마의 넋두리라 여기지 말고 인생을 열심히 살다간 한 사람의 이야기로 정리하기 바란다. 틈 나는 대로 훗날 너희가 읽을 이야기들을 정리할 거다.

오늘은 이만 안녕.

햇살 한 스푼!

사흘간 바쁜 일정을 끝내고 일상으로 돌아와 보니 여든 아홉이신 친정아버님께서 뒷동산에서 딴 굵은 밤과 집 앞 마당에 자연 그대로 늘어진 가지에서 딴 모과보다 못난 단감 한 상자가 내 책상 위에 얹혀 있었다.

순간 보청기를 끼고 비실거리며 걸으시던 이제는 초라하기만 한 아버지의 모습이 가슴에 얹혔다. 유난히 엄하시기만 하시던 아버지께서 정성껏 수확한 밤과 감이었지만 택배로 오는 동안 절반은 먹을 수 없게 썩어 있었다. 비록 상품가치는 없었지만 너무 아까운 생각이 들어 학교 식구들을 불렀다.

"지리산의 무공해 해와 바람을 맛보세요!"

말하고 나니 고향 전체를 덮고 있는 지리의 정기가 스멀스멀 내 속으로 들어오는 것 같았다. 다행히 선생님들이 모두 맛있다고 즐겁게 드셨다.

못생긴 감을 깎아 먹으며 힘겹게 택배할 상자를 포장하였을 아버님의 뼈마디 굵고 앙상한 손이 생각났다. 시장에 팔 것을 구분 짓고 쉰이 넘은 자식들에게 보낼 단감을 손수 포장하면서 기뻐하셨을 아버지의 홍조 띤 얼굴이 눈앞에 어른거렸다.

"노인네도 참, 힘들게 뭐하러 보내셨담."

그러면서 핑 도는 눈물을 남에게 들킬까봐 얼른 밖으로 나가서 푸른 하늘 끝에 눈을 주었다.

어렸을 때 무섭기만 하였던 아버님이 이젠 작은 키인 나보다 더 작아지고 힘이 빠졌지만 밤과 단감을 먹는 동안 점점 더 커지고 등이 넓은 아버지로 변해 가고 있었다. 먹을 게 귀하였던 아버지의 정서로 보면 그 분께서 보낸 단감은 자식에 대한 최고로 멋진 선물이었다.

작은 언니도 아버님께서 보낸 감을 먹으며 고운 고향을 더듬으며 내내 즐거웠다고 했다. 그 동안 정을 주시지 않았던 무정한 아버지가 보고 싶고 고맙다고 이야기하는 언니의 말이 다시 생각났다. 그 분이 보낸 밤과 감을 보며 내 어릴 적 기억 속에 한 번도 살고 있지 않은 다정한 아버지가 뒤늦게 명치끝을 때리며 너무 푸르러 눈이 시린 가을 하늘만큼 푸른 그리움으로 내 앞에 우뚝 섰다.

밤과 감은 정말 포근하고 달콤하였다. 열심히 먹는 동안 유난히 맑고 밝은 햇살 한 줌과 살가운 바람이 '구례와 지리'를 담아 내 속에 일렁댔다.

아! 포근히 안기고 싶은 지리산 자락 하나,

어머니,

내 좋은 부모님,

나는 밤과 감을 먹은 게 아니라 언제 되돌아 봐도 내 어머니의 넓고 포근하였던 치마를 닮은 지리 산골을 휘돌아 나온 햇살 한 줌과 살가운 바람 한 자락을 먹었다. 아주 편안한 마음으로.

저녁에 전화선을 타고 오는 아버지의 자랑스런 목소리에 아직은 십년은 사실 것 같은 건강한 모습이 떠올라 감사드렸다. 아버지는 항상 전화가 끝날 때쯤이면 똑같은 말씀을 하신다.

"난 잘 있다. 너희들 항상 감기 조심하고 끼니 거르지 말고 잘 먹어라."

호미로 캐낸 묵은 그리움

내가 사는 곳은 11층 아파트이다. 생활하기는 편하여도 똑같은 구조가 지닌 획일성으로 답답하여 입주할 때부터 간이화단을 가꾸기로 맘먹고 직접 꾸민 화단에 나름대로 '소우주'란 이름을 붙였다.

다행히 소우주로 인해 나는 연중 여러 종류의 꽃을 피울 수 있는 아담하고 소박한 화단 가꾸기로 쏠쏠한 재미와 행복을 느끼며 살고 있다. 특히 지난 겨울, 바이올렛 네 개의 화분을 열 개가 넘는 화분으로 늘리면서 잎 새 하나에 여러 개의 개체가 나오는 모습이 너무 신기하였다. 설레는 마음으로 돋아나는 새 순들을 볼 때마다 기다리는 기쁨을 맘껏 향유하며 자연이 주는 생활의 지혜에 감사드렸다.

뒤늦게 자연이 주는 위로가 얼마나 큰가를 날마다 체험하던 중 읽게 된 책이 페미니즘의 대표주자인 박완서님의 『호미』라는 산문집이다. 여자다움 또는 부덕으로 여성답기를 택하기보다는 살아있음을 위하여 서있는 여성을 주로 그려낸 강인한 이미지와는 달리 제목에서부터 부드러운 흙냄새로 나를 꼬드겼다.

'꽃 출석부 1'의 끝부분에 나오는 '기다리는 기쁨'이란 대목이 눈에 들어 왔을 때의 동질감에 가슴 벅찬 감동으로 글 속에 흠뻑 빠져들 수 밖에 없었다. 또 '시작과 종말'에서 '그 작고 가벼운 것 속에 시작과 종말이 함께 있다는 그 완전성과 영원성이 가슴 짠하게 경이롭다.'는 작가의 말 속에 내재된 생명에 대한 외경심과 자연친화적인 삶의 밑바닥에 흐르는 따뜻함이 작품전체에 몽근 흙처럼 스며들어 있어 읽는 이로 하여금 저절로 입가에 미소를 띠게 한다.

산문은 일상의 재발견을 소재로 하는 글이 많듯이 『호미』 역시 작가 특유의 톡톡 튀는 솔직함과 담백한 표현으로 자신의 경험들을 그려내고 있어 공감이 가는 부분이 많았다. 일상에서 일어나는 사소하고 평범한 일들이 호미로 김매기 하듯 살아낸 날들에 대해 묵은 그리움을 하나 둘 들추어 삶과 죽음에 대한 깊은 자아 성찰을 작가다운 노련미로 읽는 이들에게 편안함과 함께 근본적인 생의 떨림을 진솔하게 되돌아보게 한다.

나도 작가처럼 살아있는 식물들과 가끔씩 이야기한다. 터질 듯 봉긋이 망울진 석란의 개화를 가슴조이며 맞는 기쁨을 오랜 친구와의 재회의 기다림에 비할까?

작가는 꽃과 나무에게 말하기에서 꽃들을 가꾸며 자연과의 대화에서 받는 위로로부터 흙을 주무르고 있을 때의 행복과 평화를 마알간 수채화처럼 상큼하게 우리 손에 쥐어 준다. 즉 자연의 질서에 순응하여 죽음까지도 익은 과일이 떨어지듯이 자연스럽게 받아들이는 삶에 대한 진솔함을 편하게 전달하여 준다.

작가는 또한 자연에 대한 본향 같은 그리움과 함께 자연보호의 중요성과 더불어 흐르는 물소리에서도 일흔을 넘긴 허탈함을 위로 받고 있다는 부분에서도 가까운 나의 미래를 유추하게 한다.

호미예찬을 시작으로 자연이 주는 화평함을 넓혀 자기 주변의 사람들과의 관계에서 묻어나는 삶의 지혜와 포근한 정, 삶의 애환들이 이제 쉰을 훌쩍 넘겨버린 나에게 스며들어 내 가슴 속 묵은 그리움들을 끄집어 내 주었다. 특히 오늘의 주역인 삼, 사십대의 본데없음과 상상의 결핍은 '우리가 저들을 어떻게 길렀기에 저 모양이 되었나, 죄책감마저 들게 한다'라고 표현한 부분에서는 얼굴이 벌겋게 달아올랐다. 평소 '스승됨을 자부한다'라는 교탑의 말을 되새김하며 살아온 삼십여 년의 교직생활에 부끄러운 쐐기를 박는 표현이기 때문이다.

딸만 둘 가진 내가 후회스러운 점의 한 부분을 들추자면 두 아이 모두 영리하지만 타인에 대한 배려와 겸손함이 부족함을 들 수 있다. 어렸을 때 도시를 벗어나 좀 더 자연친화적인 삶을 제공하여 주었더라면 아이들 앞에 다가올 비우호적인 세상에 노출되었을 때, 훨씬 더 여유롭고 슬기롭게 어려움을 극복하는 지혜를 가지고 있었을 텐데 하는 걱정이 앞선다. 이런 점에서 나는 호미가 나이를 벗어나 두루두루 많은 사람들에게 읽혀져 묵직한 삶의 울림과 함께 일상에서 얻는 지혜를 간접적이나마 경험하였으면 좋겠다. 더 바란다면 일상에 젖어 허둥대는 젊은 교사들에게도 꼭 손에 들려

주고 싶은 책이다. 그리하여 작가의 말대로 그림책을 읽으면서 상상한 동물과 식물, 곤충하고까지 의사소통하여 우정을 나눔으로써, 한없이 놀랍고 아름다운 우호적인 세상에 대한 믿음이 싹틀 수 있도록 산과 들 그리고 흐르는 물과 대화하는 법을 고스란히 아이들에게 전하여 주면 얼마나 좋을까?

잔잔하고 평범한 줄거리이지만 작가는 살아 숨 쉬는 기쁨과 보잘것없는 잡초와 벌레에 이르기까지 긍정적인 삶의 에너지를 호미로 김매기 하듯 묵은 그리움을 일구어냈다. 동네 일군인 호뱅이마저 살려내고 생일날의 모락모락 김나는 뜨끈뜨끈한 수수팥떡으로 군침 돌게 하는 맛깔스런 이야기들을 읽고 내가 흙냄새 풍기는 시골에서 태어나고 자랐음이 퍽 자랑스러웠다.

작가의 성장배경이 나와 비슷한 점이 많아 이야기를 읽는 동안 설레임과 터져 나오는 웃음, 그리고 마치 내 이야기를 읽는 착각 속에 들게 할 만큼 익숙한 내용들로 나는 유년의 뜰로 마음이 줄달음치고 있다. 우리 집에서 칠년을 같이 살았던 애기머슴 옥배, 한택이 아재네서 본 오래된 배나무에 핀 하얀 배꽃과 보름달의 눈물겨운 만남, 밤이면 달을 향해 화들짝 피워낸 섬진강가의 달맞이꽃과 어우러진 은빛 은어의 유희, 홍청대는 곡우제에 맛보는 참기름 묻힌 배삐떡(바람떡), 지금쯤 보리이삭이 푸르게 나와 후끈 달아오르는 상큼한 풋보리 내음 가득할 들판 길. 호미 안에 숨어 있는 묵은 그리움들이 와르르 쏟아져 나와 나는 가슴 벅찬 기쁨으로 유년의 뜰에서 충만한 삶의 에너지를 얻었다.

지금 나의 '소우주'에는 조석으로 들뜨고 설레게 하는 치자꽃망울이 잔뜩 부풀어 개화를 앞두고 있다. 곧 터질 것 같이 부푼 꽃망울엔 어렸을 때 보았던 집 앞 텃밭에 오롯이 서서 그윽한 향기로 온 텃밭을 아우르던 한그루 치자나무가 숨어 있다. 치자꽃에는 땀에 절인 어머니의 무명적삼 같은 향수가 배어 있다. 호미를 든 어머니로 다가오는 박완서님의 넉넉한 웃음이 꽃봉오리마다 다닥다닥 붙어 있다.

* 박완서 산문집 『호미』를 읽고

대숲에 부는 바람

정옥희 시집

발 행 일 | 2015년 8월 20일
지 은 이 | 정옥희
발 행 인 | 李憲錫
발 행 처 | 오늘의문학사
출판등록 | 제55호(1993년 6월 23일)
주　　소 | 대전광역시 동구 대전로 867번길 52(한밭오피스텔 401호)
전화번호 | (042)624-2980
팩시밀리 | (042)628-2983
홈페이지 | http://www.lito77.co.kr(홈페이지)
전자우편 | hs2980@hanmail.net

공 급 처 | 한국출판협동조합
주문전화 | (070)7119-1752
팩시밀리 | (031)944-8234~6

ISBN 978-89-5669-699-7
값 10,000원

* 이 책은 ㈜교보문고에서 E-Book(전자책)으로 제작 · 판매합니다.
* 잘못 제작된 책은 바꾸어 드립니다.